TESI GREGORIANA
Serie Missiologia

———————— 4 ————————

GABRIELE IIRITI

LA PERICORESI TRINITARIA

modello e fondamento della comunità
evangelizzatrice nell'edificazione
delle Chiese locali

EDITRICE PONTIFICIA UNIVERSITÀ GREGORIANA
Roma 2004

Vidimus et approbamus ad normam Statutorum Universitatis

Romae, ex Pontificia Universitate Gregoriana
die 22 mensis martii anni 2004

R.P. Prof. Jesús Lopez-Gay, S.J.
R.P. Prof. Arij A. Roest Crollius, S.J.

ISBN 88-7652-991-8
© Iura editionis et versionis reservantur
PRINTED IN ITALY

GREGORIAN UNIVERSITY PRESS
Piazza della Pilotta, 35 - 00187 Rome, Italy

INTRODUZIONE

1. Il punto di partenza

La riflessione teologica post-conciliare è stata caratterizzata dall'ecclesiologia di comunione, che ha costituito l'idea centrale e fondamentale dei documenti del Concilio Vaticano II[1]. In questo contesto è nato il Decreto *Ad Gentes* sull'attività missionaria della Chiesa, che fonda la missione universale nelle missioni trinitarie, e dichiara che «la Chiesa pellegrinante per sua natura è missionaria, in quanto essa trae origine dalla missione del Figlio e dalla missione dello Spirito Santo, secondo il disegno di Dio Padre»[2]. Questi temi costituiscono il punto di partenza della nostra riflessione e del nostro lavoro. In modo particolare ci preme comprendere il fondamento trinitario della missione della Chiesa e, alla luce dell'ecclesiologia di comunione, cogliere in tutta la sua pienezza il rapporto tra la Chiesa-comunione e la missione *ad gentes*. Ci sentiamo incoraggiati in questo cammino dalla Lettera apostolica *Novo millennio ineunte* (NMI) che Giovanni Paolo II ha scritto al termine del Grande Giubileo dell'Anno 2000, presentandoci una grande sfida che ci sta davanti all'inizio del Terzo millennio: «*Fare della Chiesa la casa e la scuola della comunione*»[3]. Il Papa esorta a «*promuovere una spiritualità della comunione,* facendola emergere come principio educativo in tutti i luoghi dove si plasma l'uomo e il cristiano [...]»[4]. A questa prospettiva comunionale fa eco la dimensione missionaria, universale: «*Un nuovo secolo, un nuovo millennio si apro-*

---

[1] Cf. SYNODUS EPISCOPORUM, (in coetum generalem extraordinarium congregata, 1985), *Relatio finalis,* 1761.
[2] AG 2.
[3] NMI 43.
[4] NMI 43.

no nella luce di Cristo. Noi abbiamo il compito stupendo ed esigente di esserne il "riflesso". [...] La Chiesa, pertanto, non si può sottrarre all'attività missionaria verso i popoli, e resta compito prioritario della *missio ad gentes* l'annuncio che è nel Cristo, "Via, Verità e Vita" (Gv 14,6), che gli uomini trovano la salvezza»[5].

2. La prospettiva comunionale-trinitaria e missionaria

Per comprendere il fondamento trinitario della missione *ad gentes* e tutta la ricchezza teologica di questa verità ci pare importante andare in profondità e tentare di «scrutare», per quanto ne siamo capaci, il mistero della Santissima Trinità, mistero di comunione e di missione. Infatti «se la perfettissima unità delle tre Persone divine è il vertice trascendente che illumina ogni forma di autentica comunione tra noi, esseri umani, è giusto che la nostra riflessione ritorni di frequente alla contemplazione di questo mistero, a cui spesso si fa cenno nel Vangelo. Basti ricordare le parole di Gesù: "Io e il Padre siamo una sola cosa"(Gv 10,30)»[6].

Il nostro tentativo sarà quello di andare alla sorgente della comunione, in modo da comprendere la *pericoresi,* intesa come unità delle Tre Persone divine nel dinamismo relazionale intra-trinitario[7]. Alla luce di quanto ci è stato rivelato nella Storia della salvezza, tenteremo di vedere come la comunione intra-trinitaria diventa un dono per la comunità cristiana. Nella missione, infatti, è tutta la Trinità in azione, per introdurre l'uomo, creato e redento a sua immagine, nel suo mistero trinitario di amore[8]. Proprio in virtù del dono dello Spirito Santo la comunità può vivere la comunione al suo interno, per esserne annuncio e testimonianza, partecipando all'edificazione delle Chiese locali nei territori della missione *ad gentes*. In questa prospettiva missionaria, tenteremo di tracciare le linee fondamentali di inserimento della comunità evangelizzatrice nella nascente realtà ecclesiale in missione. La tesi che desideriamo sviluppare in questo studio è: l'edificazione delle Chiese locali

---

[5] NMI 54.56.

[6] GIOVANNI PAOLO II, «Catechesi sul Mistero di Dio», 4.

[7] «Gli antichi scrittori ecclesiastici si soffermano spesso a trattare di questo reciproco compenetrarsi delle Persone divine. I Greci lo definiscono come "perichóresis", l'Occidente (specialmente dall'XI secolo) come "circumincessio" (= reciproco compenetrarsi) o "circuminsessio" (= reciproca inabitazione)». GIOVANNI PAOLO II, «Catechesi sul Mistero di Dio», 4.

[8] J. ESQUERDA BIFET, *Teología de la Evangelización,* 85.

nei territori della missione *ad gentes,* a partire dalla presenza di una comunità evangelizzatrice che vive con la «Presenza» del Signore e che diventa annuncio e testimonianza di questa «Presenza» verso quanti ancora non conoscono Gesù Cristo. Una comunità, quindi, che vive al suo interno la comunione, della quale la pericoresi trinitaria è modello e fondamento, e che «riversa» nell'evangelizzazione i frutti della comunione, in termini di annuncio e testimonianza, per l'edificazione di nuove Chiese locali[9].

3. Articolazione della tesi

Svilupperemo la tematica scelta, articolandola in tre capitoli. Nel primo capitolo, dal titolo «La Chiesa comunione e missione», analizzeremo l'ecclesiologia di comunione e la missionarietà della Chiesa, alla luce dei documenti del Concilio Vaticano II e della riflessione teologica e magisteriale post-conciliare. Tenteremo in particolare di vedere come la missiologia si intreccia con l'ecclesiologia trinitaria del Vaticano II, individuandone eventuali apporti e approfondimenti.

Il secondo capitolo sarà dedicato alla «comunione trinitaria». Alla luce della rivelazione della Trinità nella storia, contempleremo il dinamismo relazionale intra-trinitario, la *pericoresi*, per coglierne tutta la profondità, come vita intima di Dio, e nella rivelazione che ci viene fatta attraverso l'Incarnazione del Verbo, la *Kenosi* e l'Evento pasquale. Il terzo capitolo costituirà la sintesi e lo sviluppo della tesi: «Comunità per la missione *ad gentes*». La comunione trinitaria «genera» la comunità; dalla comunione nasce la missione, che si esprime nella vita della comunità evangelizzatrice, impegnata nell'edificazione della Chiesa locale nei vasti territori della missione *ad gentes*.

---

[9] «La missione *ad gentes* ha questo obiettivo: fondare comunità cristiane, sviluppare Chiese fino alla loro completa maturazione. È questa una mèta centrale e qualificante dell'attività missionaria, al punto che questa non si può dire esplicata finchè non riesce ad edificare una nuova Chiesa particolare, normalmente funzionante nell'ambiente locale». RMi 48. Si veda anche *Ibid.* 34: «[La missione *ad gentes*] si caratterizza come opera di annunzio del Cristo e del suo Vangelo, di edificazione della Chiesa locale, di promozione dei valori del Regno». Cf. O. MICHEL, Οἰκοδομέω, 385-408.

CAPITOLO I

La Chiesa comunione e missione

1. L'Ecclesiologia trinitaria del Vaticano II

Il Concilio Vaticano II ha avviato una ricca stagione di riflessione dottrinale sempre più attenta al mistero trinitario come fondamento dell'ecclesiologia e della missione della Chiesa nel mondo. «Tutti gli insegnamenti del Concilio sul mistero della Chiesa – afferma Philipon – portano il "sigillo della Trinità". La natura intima della Chiesa trova nel mistero trinitario le sue origini eterne, la sua forma esemplare e la sua finalità»[1]. I due pilastri di questa nuova impostazione dottrinale sono il documento sulla Chiesa *Lumen Gentium* (LG) e quello sul suo inserimento nel mondo contemporaneo: *Gaudium et Spes* (GS). La chiave di comprensione del messaggio ecclesiologico del Concilio risiede nella lettura trinitaria della Chiesa. Basti ricordare la prospettiva dell'*Ecclesia de Trinitate* che struttura e illumina il primo capitolo della LG, e – in prospettiva missionaria – il primo capitolo dell'*Ad Gentes* (AG), nonché la sintetica affermazione di *Unitatis redintegratio* (UR):

---

[1] Secondo Philipon «il Vaticano II ha avuto la grande cura di indicarci le molteplici relazioni di Dio Trinità con il popolo di Dio, con la gerarchia e il laicato. I problemi della santità della Chiesa, dell'ecumenismo, dell'escatologia e del mistero mariano, attingono nella Trinità la loro ultima chiarificazione. Tutti gli aspetti del mistero ecclesiale devono essere scrutati alla luce di questo mistero dei misteri. In Oriente come in Occidente, il culto cristiano si esprime in forme esplicitamente trinitarie. Nella Chiesa tutto avviene "in nome e in onore dell'indivisibile Trinità"». M. PHILIPON, «La Santissima Trinità e la Chiesa», 329.

«L'unità della Chiesa intesa come comunione ha il suo supremo modello e principio nell'unità, nella Trinità delle Persone, di un solo Dio Padre e Figlio nello Spirito Santo»[2].

Sullivan afferma che «come Dio Uno e Trino – Padre, Figlio e Spirito Santo – è il mistero fondamentale della fede cristiana, così la natura della Chiesa quale mistero trova il suo fondamento nella sua relazione con il mistero della Trinità»[3]. In questa prospettiva tentiamo di tracciare un quadro sintetico di come il Vaticano II, a partire dalla Costituzione Apostolica *Lumen Gentium* – cuore dell'ecclesiologia conciliare – è giunta al fondamento comunionale-trinitario della missione universale della Chiesa.

1.1 *La centralità della* Lumen Gentium

Nella riflessione postconciliare è emersa con chiarezza la centralità del tema ecclesiologico nel magistero conciliare e in particolare il riconoscimento del ruolo di testo cardine svolto dalla LG in relazione agli altri documenti; di fatto la Costituzione sulla Chiesa ha assorbito l'attenzione privilegiata da parte dei commentatori e divulgatori del magistero conciliare.

Per la vastità della dottrina, per il suo legarsi esplicito al Vaticano I, per l'impegno magisteriale con cui viene presentata, la LG è il documento ecclesiologico più importante che la Chiesa ha offerto di sé; per trovare qualcosa di analogo bisogna ricorrere alla dottrina trinitaria e cristologica messe a punto nei primi concili ecumenici o alla dottrina sulla salvezza precisata dal Concilio di Trento. La LG è un documento che, da un lato può essere considerato come l'eco e il riflesso autorevole del grande lavoro di ricerca già avviato da decenni nella teologia cattolica; dall'altro e in prospettiva, riveste un'importanza determinante nella vita della Chiesa odierna, dalla «portata ancora non prevedibile»[4].

Il ruolo svolto dalla LG all'interno dei testi prodotti dal Concilio è, quindi, di centrale importanza, rappresentandone l'asse centrale e la base dottrinale; la sua netta impostazione teologico-misterica orienta

---

[2] UR 2.
[3] F.A. SULLIVAN, *Noi crediamo la Chiesa*, 17.
[4] G. PATTARO, «Riflessioni storiche sulla teologia», 1219-1220. Cf. anche L. SARTORI, *La Costituzione dogmatica*, 1247-1248.

nella stessa direzione tutti gli altri documenti del Vaticano II[5]. In questo senso la LG, affrontando i problemi generali della Chiesa, propone una «ecclesiologia prima», che deve essere letta in continuità con gli altri documenti conciliari, «da intendersi come capitoli esplicativi del tema ecclesiologico più vasto»[6].

Sartori, a questo riguardo, ha prospettato la plausibilità di un'organizzazione sistematica dei documenti del Vaticano II secondo il quadro interpretativo offerto da PaoloVI nell'*Ecclesiam suam*, dove fissava i tre scopi fondamentali del Concilio (autocoscienza della Chiesa, riforma interna e dialogo *ad extra*). Secondo questo schema, la LG rappresenta il testo centrale della presa di coscienza, punto di arrivo di una riflessione ecclesiologica del Concilio già matura, che presuppone la *Sacrosanctum Concilium* (SC) e in buona misura la *Dei Verbum* (DV); ma la LG è pure premessa necessaria, fondamento e punto di partenza per altri importanti documenti conciliari, che riguardano sia il rinnovamento ecclesiale sia la missione della Chiesa, tra i quali in modo particolare l'AG, l'UR e la GS[7].

1.2 *L'ecclesiologia trinitaria della* Lumen Gentium

L'ecclesiologia della LG ci apre a delle importanti prospettive che ci aiutano a scrutare e intravedere le profondità del mistero della Chiesa. Secondo Philipon il mistero della Chiesa non si spiega che alla luce della Trinità.

> Il Signore stesso ci fa intravedere il vero metodo per scrutare il mistero della Chiesa, quando, nella sua ultima preghiera, la contempla nel più interiore, nel più segreto movimento della circumincessione trinitaria, partecipe delle relazioni del Padre e del Figlio, trovando in essi l'esemplare della propria vita: «Padre, sei in me ed io in te, affinché anch'essi siano una cosa sola come noi siamo uno» (Gv 17,21). Tocchiamo qui la più intima essenza del mistero ecclesiale, proiezione all'esterno delle relazioni che uniscono tra loro le Tre Persone divine[8].

L'ecclesiologia della LG è, pertanto, un'ecclesiologia trinitaria: nel suo primo capitolo, infatti, enuncia il tema «*De Ecclesiae Mysterio*»

---

[5] Cf. G. ALBERIGO, «Prospettive dell'ecclesiologia cattolica», 88.
[6] G. PATTARO, «La Chiesa sacramento della salvezza», 121.
[7] Cf. L. SARTORI, *La Costituzione dogmatica,* 1247-1248.
[8] M. PHILIPON, «La Santissima Trinità e la Chiesa», 329.

richiamando la celebre espressione di Cipriano: «*De unitate Patris et Filii et Spiritus Sancti plebs adunata...*»[9]. La Chiesa universale si presenta come un popolo adunato dall'unità del Padre, del Figlio e dello Spirito Santo. «Il sottile gioco di parole dell'originale – scrive uno dei massimi commentatori – è quasi intraducibile: *de unitate [...] plebs adunata*. La preposizione latina "*de*" evoca simultaneamente l'idea di imitazione e quella di partecipazione: è "a partire" da questa unità fra ipostasi divine che si prolunga l'"unificazione" del popolo. Unificandosi, questo partecipa a un'altra Unità; tanto che per S. Cipriano l'unità della Chiesa non è più intelligibile senza quella della Trinità»[10].

La Chiesa che ci viene presentata nel primo capitolo della LG viene dalla Trinità, è strutturata ad immagine della Trinità e va verso il compimento trinitario della storia.[11] Il Concilio enuncia spesso il rapporto Chiesa-Trinità come costitutivo dell'essere stesso della Chiesa. Evidenziamo sinteticamente alcuni punti salienti di questo rapporto in modo da avere uno sguardo globale su questa prospettiva ecclesiologica.

L'origine trinitaria della Chiesa, nella LG, è presentata descrivendo l'economia della salvezza: il fine del disegno gratuito e insondabile del Padre è l'elevazione di tutti gli uomini alla partecipazione alla vita divina nella comunione della Trinità: «L'eterno Padre, con liberissimo e arcano disegno di sapienza e di bontà, ha creato l'universo e ha decretato di elevare gli uomini alla partecipazione della sua vita divina»[12]. L'unità degli uomini con Dio e fra loro, compiuta nell'opera riconciliatrice del Verbo Incarnato, si attua storicamente nella Chiesa e si consumerà nella gloria[13].

Il modello e il principio della Chiesa è trinitario. Infatti il principio dell'unità ecclesiale e la ragione dell'unicità della Chiesa si trovano nell'unità e unicità di Dio Trinità, come afferma anche UR: «il supremo modello e il principio di questo mistero (la Chiesa) è l'unità nella Trinità delle Persone di un solo Dio Padre e Figlio nello Spirito Santo»[14]. È la gratuita autocomunicazione della vita divina che stabilisce, fra coloro

---

[9] L'espressione, che è di S. CIPRIANO, *De Oratione Dominica 23*, PL 4,553, è citata in LG 4.
[10] G. PHILIPS, *La Chiesa*, 87.
[11] Cf. B. FORTE, *La Chiesa icona della Trinità*, 16.
[12] LG 2.
[13] Cf. LG 2.
[14] UR 2.

che accolgono il dono, un'unità più ricca e profonda delle loro differenze e li mette in grado di comunicare fra di loro nella carità, dando agli altri testimonianza di una comunione, che null'altro al mondo può offrire agli uomini:

> Come tu, Padre, sei in me e io in te, siano anch'essi in noi una cosa sola, perché il mondo creda che tu mi hai mandato. E la gloria che tu hai dato a me, io l'ho data a loro, perché siano come noi una cosa sola. Io in loro e tu in me, perché siano perfetti nell'unità e il mondo sappia che tu mi hai mandato e li hai amati come hai amato me[15].

Anche l'esito del cammino della Chiesa nella storia è trinitario: «La Chiesa prega e lavora nello stesso tempo, affinché la pienezza del mondo intero passi nel popolo di Dio, corpo del Signore e tempio dello Spirito Santo, e in Cristo, capo di tutti, sia reso onore e ogni gloria al Creatore e Padre dell'universo»[16]. La missione del Figlio culmina nell'invio dello Spirito: Egli rende possibile per Cristo l'accesso al Padre. Come il Padre per il Figlio viene all'uomo nello Spirito, così l'uomo nello Spirito per il Figlio può ormai accedere al Padre: il movimento di discesa consente un movimento di ascesa, in un circuito di unità, la cui fase eterna è la Trinità, la cui fase temporale è la Chiesa[17].

In quest'ottica di salvezza possiamo dire che la Chiesa, voluta dal Padre, appare come la creatura del Figlio, sempre nuovamente vivificata dallo Spirito: essa è opera della Santa Trinità. Come l'uomo è stato fatto ad immagine di Dio e riflette la divina attività nella sua conoscenza e nel suo amore, così la Chiesa che rappresenta Gesù Cristo deve essere la manifestazione, nel tempo, della vita trinitaria. C'è un'epifania di Dio creatore attraverso l'uomo, e c'è un'epifania di Dio uno e trino attraverso il Cristo e la sua Chiesa: «Come il Padre ha mandato me, anch'io mando voi»[18]. La lettura trinitaria della comunione ecclesiale si estende così dalla storia dell'origine alla storia del presente e dell'avvenire della Chiesa: la Trinità si offre come una risposta ricca e inesauribile non solo alla domanda «da dove viene la Chiesa?», ma anche a quella su cosa sia la Chiesa e dove essa vada. È quanto viene

---

[15] Gv 17, 21-23.
[16] LG 17.
[17] Cf. LG 3.
[18] Gv 20,21. Cf. il Documento di Monaco del Dialogo Cattolico Ortodosso del 1982, dal titolo: *Il mistero della Chiesa e dell'Eucaristia alla luce del mistero della SS. Trinità*, citato in F. CIARDI, *Koinonia*, 129.

mostrato dallo sviluppo della LG. «La Chiesa è icona della Santa Trinità: essa cioè è strutturata nella sua comunione a immagine e somiglianza della comunione trinitaria»[19]. Se «per una non debole analogia è paragonata al mistero del Verbo incarnato»[20], la Chiesa può essere non di meno rapportata analogamente alla comunione divina, una nella diversità delle Persone, in un fecondo scambio di relazioni. Come *in divinis* l'amore è distinzione delle Persone e superamento del distinto nell'unità del mistero (*pericoresi*), così nella Chiesa, salva l'infinita distanza che separa la terra dal cielo, ma anche in forza dell'infinita comunione stabilita dall'Incarnazione del Figlio, la varietà dei doni e dei servizi deve convergere – per una sorta di «pericoresi» ecclesiologica – nell'unità, come la varietà delle Chiese locali, ciascuna realizzazione della cattolicità in un luogo e in un tempo determinati, è chiamata a vivere e ad esprimersi nella loro reciproca comunione[21].

In questa visione della Chiesa «icona della Trinità» possiamo cogliere la sintesi più profonda del rapporto Chiesa-Trinità, rapporto fondato sulla comunione ecclesiale che guarda alla comunione trinitaria come fonte e origine, modello e meta. L'ecclesiologia fondata sul mistero della comunione fra le Persone divine e sulla «partecipazione» di ogni uomo alla vita divina, apre nuovi orizzonti e nuove prospettive missionarie conformi all'immagine stessa della Chiesa, «icona della Trinità».

1.3 *L'ecclesiologia di comunione*

A. Favale, commentando la Costituzione dogmatica sulla Chiesa e, in particolare la genesi di questo documento, afferma che l'indagine sull'aspetto sacramentale della Chiesa condusse a rivalorizzare il concetto di «comunione». Nella prospettiva ecclesiologica «comunione» significa la partecipazione di più persone ad una medesima realtà, che nasce da un rapporto verticale, l'unione con il Verbo di vita e perciò col Padre e con lo Spirito Santo, per diventare poi rapporto orizzontale con ogni altra creatura umana, mediante l'esercizio di vari ministeri, istituiti da Cristo ed eseguiti in suo nome da persone a ciò deputate. Il concetto di comunione ha il vantaggio di esprimere la realtà interna della Chiesa,

---

[19] B. FORTE, *La Chiesa icona della Trinità*, 20-21.
[20] LG 8.
[21] Cf. B. FORTE, *La Chiesa della Trinità*, 72.

mentre la nozione di sacramento ne accentua anzitutto l'aspetto esterno-istituzionale[22].

Una delle prospettive fondamentali che la Costituzione sulla Chiesa ci offre riguarda appunto l'ecclesiologia di comunione[23]. La LG stessa, nel suo primo numero, sviluppa la nozione di Chiesa «sacramento» in quella di «comunione», tracciando chiaramente le due linee, verticale e orizzontale, della sacramentalità ecclesiale come dimensioni di «comunione» con Dio e degli uomini tra loro. I primi due capitoli della Costituzione presentano, infatti, lo svolgimento globale di questa visione ecclesiologica centrata sulla comunione; gli altri capitoli le sue specificazioni.

La prima dimensione è fondamento della seconda: l'iniziativa della comunione è sempre della Trinità; Dio si comunica all'uomo, lo eleva e lo assume nell'intimità della sua vita divina: «Il mistero trinitario cala, per così dire, tra gli uomini, si partecipa ad essi»[24], per cui a ragione il Concilio definisce la Chiesa come un «popolo adunato nell'unità del Padre, del Figlio e dello Spirito Santo»[25]. La riscoperta della fondazione trinitaria della Chiesa, in forza della quale la Trinità è origine, forma e meta della stessa, fa sì che la comunione trinitaria diventi norma della vita ecclesiale; data l'esistenza in Dio della comunione di più persone, anche la Chiesa sarà comunione di persone a tutti i livelli.

Anche il secondo capitolo della LG può essere letto alla luce del principio comunionale. Superata la contrapposizione tra gerarchia e popolo dei fedeli, la LG con «popolo di Dio» intende una pluralità di persone che comunicano alla stessa realtà: tutti i fedeli, incorporati con il battesimo in Cristo, partecipano del suo sacerdozio, del suo ministero profetico, della sua regalità, della sua azione missionaria. In collegamento con la visione sacramentale della Chiesa, il Concilio sottolinea, poi, per ciascun sacramento l'aspetto comunitario: gesti d'incontro con Dio, essi significano e danno l'incontro tra i fedeli nella comunità ecclesiale[26]. Anche i restanti capitoli della LG sono strettamente legati alla prospettiva comunionale, sia nella linea verticale che in quella orizzontale: i diversi gradi di comunione col mistero della Chiesa, la

---

[22] A. FAVALE, ed., *La Costituzione dogmatica sulla Chiesa,* 22.
[23] Cf. G. PATTARO, «La Chiesa sacramento della salvezza», 146-157.
[24] G. VOLTA, *La recente costituzione,* 27.
[25] LG 4.
[26] G. VOLTA, *La recente costituzione,* 22.

sacramentalità dell'episcopato e la collegialità episcopale, la comunione esistente tra le varie componenti della Chiesa, la comune vocazione alla santità, la *communio* tra Chiesa pellegrinante e Chiesa celeste, Maria immagine della Chiesa nella comunione con Cristo e con gli uomini.

Se l'idea della Chiesa comunione è già un'acquisizione della teologia pre-conciliare, o almeno di parte di essa, a partire dalla teologia del Corpo Mistico, caratterizzando i tentativi di ridimensionamento della nozione societaria della Chiesa[27], bisogna riconoscere che dalla nozione di comunione è partito anche il post-concilio ecclesiologico. La categoria di «comunione», sviluppata nel binomio più complesso di «comunione-comunità», ha segnato l'ecclesiologia post-conciliare in misura più marcata di qualsiasi altra prospettiva ecclesiologica, dando origine a sviluppi che in ogni caso l'hanno notevolmente distanziata dalla problematica pre-conciliare.

1.3.1 Alcune precisazioni nel documento *Communionis notio*

Quello della comunione è uno dei concetti teologici che maggiormente hanno influenzato il ripensamento della missiologia nel periodo post-conciliare[28]. L'ecclesiologia del Vaticano II si caratterizza infatti come *ecclesiologia di comunione*. Benché la parola *comunione* non appaia chiaramente nei testi, la realtà della comunione costituisce l'orizzonte dell'ecclesiologia conciliare[29]. È quanto afferma con chiarezza il Sinodo straordinario del 1985 nella *Relatio finalis*: «L'Ecclesiologia di comunione è l'idea centrale e fondamentale nei documenti del Concilio. La *koinonia*/comunione, fondata sulla sacra scrittura, è tenuta in grande onore nella Chiesa antica e nelle Chiese orientali fino ai nostri giorni. Perciò molto è stato fatto dal Concilio Vaticano II perché la Chiesa come comunione fosse più chiaramente intesa e concretamente tradotta nella vita»[30].

---

[27] Cf. G. COLOMBO, «Il "Popolo di Dio"», 109.
[28] Cf. J. LÓPEZ-GAY, «Ecclesiology», 377-378.
[29] Cf. F. CIARDI, «La comunione missionaria», 85.
[30] SYNODUS EPISCOPORUM (in coetum generalem extraordinarium congregata, 1985), *Relatio finalis,* 1761-1762.

CAP. I: LA CHIESA COMUNIONE E MISSIONE

Il primo capitolo della Lettera ai Vescovi della Chiesa cattolica *Communionis notio*[31] (CN), su «Alcuni aspetti della Chiesa intesa come comunione», intitola il primo capitolo: *La Chiesa, mistero di comunione*. In essa, secondo quanto il Card. J. Ratzinger asseriva nella presentazione, è stato necessario contrastare la «tendenza a ridurre il concetto di "comunione" ad una visione più o meno esclusivamente orizzontale, sociologica; tale visione adopera questa parola per una idea antigerarchica di una Chiesa che sarebbe piuttosto una federazione di Chiese locali, precedenti in ogni senso la Chiesa universale»[32]. Il documento inizia affermando che

> il concetto di *comunione* (*koinonía*), già messo in luce nei testi del Concilio Vaticano II, è molto adeguato per esprimere il nucleo profondo del mistero della Chiesa e può essere una chiave di lettura per una rinnovata ecclesiologia cattolica. L'approfondimento della realtà della Chiesa come comunione è, infatti, un compito particolarmente importante, che offre ampio spazio alla riflessione teologica sul mistero della Chiesa [...][33].

Questo documento, come abbiamo visto nella presentazione fatta dal Prefetto della Congregazione per la Dottrina della Fede, si è reso necessario a causa di alcune visioni ecclesiologiche che dimostrano un'insufficiente comprensione della Chiesa in quanto mistero di comunione «specialmente per la mancanza di un'adeguata integrazione del concetto di *comunione* con quelli di *popolo di Dio* e di *corpo di Cristo*, e anche per un insufficiente rilievo accordato al rapporto tra la Chiesa come *comunione* e la Chiesa come *sacramento*»[34]. Il documento, quindi, afferma che il concetto di comunione deve essere integrato con i concetti di Chiesa come Popolo di Dio, Corpo di Cristo e sacramento. Questi tre concetti che devono accompagnare la comunione hanno un valore missionario[35].

---

[31] Lettera pubblicata dalla Congregazione per la Dottrina della Fede il 28 maggio 1992.
[32] *OR* 15-16 marzo 1992, 9.
[33] CN 1.
[34] CN 1.
[35] Cf. J. LÓPEZ-GAY, «Dimensione missiologica», 41. Si può notare la lettura missionaria di questi tre aspetti che viene fatta da P. J. López-Gay nel suo intervento in occasione del Simposio promosso dalle Pontificie Opere Missionarie, dal titolo *La comunione della Chiesa universale e delle Chiese particolari a servizio della missione*, (Roma, 26-27 novembre 1994).

L'ecclesiologia di comunione è quindi l'idea centrale e fondamentale nei documenti del Concilio Vaticano II[36] e vorremmo sottolineare, in prospettiva trinitaria, non un'idea «qualsiasi» di comunione, ma quella del «mistero di comunione» che è costitutiva e vitale della Chiesa perché si colloca in linea diretta con il «mistero trinitario». Di fatto il concetto di comunione «è molto adeguato per esprimere il nucleo profondo del Mistero della Chiesa e può essere una chiave di lettura per una rinnovata ecclesiologia cattolica»[37]. Da qui possiamo dedurre che se questo concetto è adeguato per esprimere il mistero della Chiesa, lo sarà anche per esprimere la sua attività, cioè, la missione[38].

Quello della comunione è un concetto che ci introduce nell'economia della grazia o alla partecipazione della ricchezza del mistero trinitario del quale la Chiesa nutre il suo essere e la sua azione. Il mistero trinitario è all'origine del mistero della Chiesa, dal quale questa discende come un dono. «Il concetto di comunione sta nel cuore dell'autocoscienza della Chiesa, in quanto Mistero dell'unione personale di ogni uomo con la Trinità divina e con gli altri uomini, iniziata dalla fede, ed orientata alla pienezza escatologica nella Chiesa celeste, per quanto già incoativamente una realtà nella Chiesa sulla terra»[39].

In questa prospettiva possiamo dire che il valore essenziale della comunione della Chiesa è di ordine soprannaturale. L'origine di questo valore si trova allora nella soprannaturale economia della grazia, cioè ad un livello decisamente più alto di quello della naturale esistenza umana[40]. Tra le conseguenze che derivano da questo mistero di comunione abbiamo che, la Chiesa, nella sua manifestazione, è visibile e invisibile e che, cioè, ha una struttura sacramentale. Essa è, infatti, il sacramento universale di salvezza. «La *koinonia* è percepita più chiaramente come parte integrante del contesto globale dell'azione salvifica di Dio per l'insieme dell'umanità e della creazione, di cui la Chiesa deve essere il segno e lo strumento»[41]. «Da tale sacramentalità deriva che la Chiesa non è una realtà ripiegata su se stessa, bensì permanente-

---

[36] Si può estendere lo sguardo anche ad altri documenti conciliari: LG 4. 8. 13-15. 18. 21. 24-25; DV 10; GS 32; UR 2-4. 14-15. 17-19. 22.
[37] CN 1.
[38] Cf. J.A. BARREDA, «La Chiesa come comunione», 80.
[39] J.A. BARREDA, «La Chiesa come comunione», 3.
[40] Cf. S. NAGY, «La Chiesa come "communio"», 4.
[41] G. GASSMAN, «Da Montréal a Santiago», 532.

mente aperta alla dinamica missionaria ed ecumenica, perché inviata al mondo ad annunciare e testimoniare, attualizzare ed espandere il mistero della comunione che la costituisce: a raccogliere tutti e tutto in Cristo»[42].

L'immagine o il modello di una Chiesa comunione è, probabilmente, quella che meglio corrisponde al disegno divino e, senza dubbio, quella che meglio si sintonizza con la sua opera evangelizzatrice. Sicuramente si tratta di un'immagine che mai potrà mancare nell'ecclesiologia, se vogliamo definire la Chiesa a partire dal mistero trinitario. Tuttavia, nelle circostanze attuali e nei contesti socio-culturali nei quali le Chiese locali sono inserite, l'esperienza della comunione rende più comprensibile la vita della Chiesa e della sua missione. La comunione infatti è una realtà di dinamismo illimitato che reclama uno sviluppo incessante e che, fra le altre manifestazioni essenziali, ha quella di una continua espansione missionaria. Di conseguenza, se non si considera la comunione in ordine alla missione è impossibile comprenderla. Come, analogamente, non si può comprendere la missione se non ponendola all'interno della comunione della quale è un'espressione necessaria[43].

«La *koinonia* non evoca solo il fatto di spartire un certo tesoro spirituale, ma dal punto di vista dinamico comprende la coscienza di una comune responsabilità nei confronti del mondo da evangelizzare»[44]. La comunione porta con sé una «unione personale con la Trinità», e da questa unione scaturisce la missionarietà di ognuno dei membri della Chiesa. Secondo P. J. López-Gay, «non ci troviamo uniti soltanto ad una Trinità immanente, oggetto delle nostre speculazioni, ma economica, che ci rivela e comunica la sua vita e le sue opere. Nessuno e nessuna Chiesa unita alla Trinità può rimanere chiusa in se stessa»[45]. Il Decreto conciliare sulle missioni ha saputo unire la realtà della missione della Chiesa, con quello delle missioni trinitarie e queste sono presentate alla luce delle processioni divine. La Chiesa comunione ha la stessa origine e lo stesso contenuto delle missioni del Figlio e dello Spirito, realizzando oggi l'intenzione della volontà di Dio Padre. Questa visione è essenzialmente missionaria, per questo motivo la Chiesa «è per

---

[42] CN 4.
[43] Cf. A. BANDERA, *Comunión eclesial y humanidad*, 19. Si veda anche: A. SHORTER, «Evangelisation and Culture», 93-104.
[44] E. COTHENET, «La "communio" nel Nuovo Testamento», 17.
[45] J. LÓPEZ-GAY, «Dimensione missiologica», 43.

natura sua missionaria», e intende formare «un popolo adunato dall'unità del Padre, del Figlio e dello Spirito Santo»[46].

1.3.2 L'Ecclesiologia di comunione e la missione universale

La tangibilità di questo mistero di comunione, destinato a tutta l'umanità di tutti i tempi, sollecita le Chiese locali e si fa presente in esse. La Chiesa, come mistero di grazia salvifica, deve seguire le vie della vera incarnazione, che sono le vie della temporalità e della storia; questo si realizza in e attraverso le Chiese o comunità locali. Queste fanno presente la grazia salvifica dell'unica Chiesa in tutta la varietà di espressioni nelle quali questa può manifestarsi. Oggi si sta ricuperando, a livello di vita ecclesiale, la coscienza che in un modo molto reale la Chiesa trova il suo centro, quando la comunità credente celebra una Liturgia in cui la Parola di Dio viene predicata e l'Eucaristia viene ricevuta[47]. Il documento *Communionis notio,* colloca l'unità o comunione tra le Chiese particolari nella Chiesa universale soprattutto nell'Eucaristia e nell'Episcopato[48].

La comunione è radicata nell'eucaristia perché il sacrificio eucaristico, pur celebrandosi sempre in una particolare comunità, non è mai celebrazione di quella sola comunità: essa, infatti, «ricevendo la presenza eucaristica del Signore, riceve l'intero dono della salvezza e si manifesta così, pur nella sua perdurante particolarità visibile, come immagine e vera presenza della Chiesa una, santa, cattolica e apostolica»[49].

La comprensione della Chiesa locale in quanto comunità eucaristica armonizza, sia la dimensione locale e comunitaria del gruppo che cele-

---

[46] AG 3. Cf. J. LÓPEZ-GAY, «Dimensione missiologica», 44.

[47] Cf. R. BROWN, *Le Chiese degli apostoli,* 71.

[48] «Il Vescovo è principio e fondamento visibile dell'unità nella Chiesa particolare affidata al suo ministero pastorale, ma affinché ogni Chiesa particolare sia pienamente Chiesa, cioè presenza particolare della Chiesa universale con tutti i suoi elementi essenziali, quindi costituita *a immagine della Chiesa universale,* in essa dev'essere presente, come elemento proprio, la suprema autorità della Chiesa: il collegio episcopale "insieme con il suo capo il Romano Pontefice, e mai senza di esso". [...] Unità dell'eucaristia e unità dell'episcopato *con Pietro e sotto Pietro* non sono radici indipendenti dell'unità della Chiesa, perché Cristo ha istituito l'eucaristia e l'episcopato come realtà essenzialmente vincolate. L'episcopato è *uno* così come *una* è l'eucaristia: l'unico sacrificio dell'unico Cristo morto e risorto». CN 13-14.

[49] CN 11.

bra, sia la dimensione di comunione universale nella quale gli individui ed i gruppi si trovano inseriti; comunione universale alla quale tende l'Eucaristia per sua propria definizione[50]. Come manifestazione dell'essenza ecclesiale, che è definita come missionaria[51], le Chiese locali sono il soggetto dell'attività missionaria della Chiesa nella sua realizzazione pratica: «La Chiesa particolare, dovendo riprodurre alla perfezione l'immagine della Chiesa universale, abbia la piena coscienza di essere inviata anche a coloro che non credono in Cristo e convivono nel suo territorio, per costituire, con la testimonianza di vita dei singoli fedeli e della comunità tutta, il segno che addita loro il Cristo»[52].

La Chiesa, quindi, è comunione ed è missionaria grazie all'eucaristia. Il fine della missione è formare una Chiesa comunione particolare. Ma la particolarità non significa indipendenza, o isolarsi con il pretesto della ricerca della propria fisionomia culturale e religiosa. «Soltanto c'è una Chiesa di Cristo, che «è per natura sua universale, per natura sua missionaria». Dove c'è vera Chiesa ci devono essere le note proprie della Chiesa di Cristo, che è una ed unica, e fra queste note non possiamo dimenticare la missionarietà»[53]. La missionarietà, appunto, che scaturisce dall'origine trinitaria della Chiesa e dal suo mistero cristologico.

In questa prospettiva comunionale non possiamo parlare più di Chiese che sono missionarie ed inviano, ed altre che ricevono. Tutte sono chiamate a dare e a ricevere. «Tutte, perché le vere Chiese sono missionarie. C'è infatti un rapporto di "mutua interiorità" che spiega come in ogni Chiesa particolare è presente ed agisce la Chiesa di Cristo, che è essenzialmente missionaria»[54].

Si concretizza così, in questo spirito di comunione, il dinamismo missionario: essendo, infatti la comunione indivisibile, non si può stare da una parte in comunione e dall'altra parte no; o si è dentro o si è fuori; cioè, non si può stare in comunione teorica, dottrinale, e non partecipare nella comunione di vita, all'azione comune, nella missione evangelizzatrice. «La Chiesa locale sarà il soggetto principale dell'attività missionaria; fino al punto che la Chiesa locale non è tale, se

---

[50] Cf. J.A. BARREDA, «La Chiesa come comunione», 82.
[51] Cf. AG 2: «La Chiesa che vive nel tempo per sua natura è missionaria».
[52] AG 20.
[53] J. LÓPEZ-GAY, «Dimensione missiologica», 45.
[54] J. LÓPEZ-GAY, «Dimensione missiologica», 46.

in essa non si verificano le due seguenti condizioni: essere in comunione con la Chiesa universale ed, a sua volta, *farsi missionaria*»[55]. L'Enciclica missionaria *Redemptoris missio* (RMi) afferma chiaramente: «Alle sue origini, dunque, la missione è vista come un impegno comunitario e una responsabilità della Chiesa locale»[56]. E ricorda il modello evangelizzatore della Chiesa di Antiochia nel suo insieme. La responsabilità missionaria delle Chiese locali supera la classica geografia missionaria; tutto il mondo è campo di missione. Ogni Chiesa locale si sentirà in obbligo di annunciare il Vangelo nella sua concreta geografia e nel suo contesto. Questo non vuol dire che non debba, a sua volta, guardare alle necessità di altre Chiese locali situate in contesti differenti. L'annuncio del Vangelo «fino ai confini della terra» (At 1,8), non è esclusivo della Chiesa di Gerusalemme; è compito di tutte le chiese locali[57].

2. La missione nella Chiesa del Vaticano II

Nell'ecclesiologia del Concilio Vaticano II, come abbiamo potuto vedere, la Costituzione sulla Chiesa assume un ruolo di rilievo e di centralità che diventa fondamento e punto di partenza per gli altri documenti conciliari. Con questa consapevolezza entriamo nello specifico del nostro lavoro analizzando il Decreto *Ad Gentes* sull'attività missionaria della Chiesa. Secondo L. Sartori questo Decreto «dovrebbe essere considerato come la più autorevole "recezione" o assunzione ed interpretazione della LG, in particolare per quanto riguarda i numeri relativi alla Trinità»[58]. Egli fa notare che esiste una corrispondenza perfetta nell'andamento iniziale dei testi, LG e AG: il prologo di AG espande l'introduzione del prologo di LG, e ciò vale anche per i nn. 2-4 che, nei rispettivi testi, riguardano i temi del rapporto della Chiesa col Padre, col Figlio e con lo Spirito Santo. Ciò che viene detto nella LG in riferimento alla «natura» della Chiesa, in AG viene svolto e approfondito, invece, in riferimento alla sua «missione»[59].

---

[55] J.A. BARREDA, «La Chiesa come comunione», 83.
[56] RMi 27.
[57] J.A. BARREDA, «La Chiesa come comunione», 83-84.
[58] L. SARTORI, «Trinità e Chiesa», 71.
[59] Cf. L. SARTORI, «Trinità e Chiesa», 71.

Il Concilio, con l'elaborazione di questo documento, ha voluto anche precisare il significato del termine missione, scegliendo tra diversi significati: alcuni identificavano missione con attività missionaria, altri vedevano la missione ovunque la Chiesa fosse in situazione di bisogno; altri ancora la identificavano con la *plantatio ecclesiae*; altri con i territori (Propaganda Fide)[60]. I Padri conciliari cercarono di risolvere questa difficoltà trattando della missione della Chiesa in generale prima di parlare dell'attività missionaria. «Si conciliavano così opinioni difficilmente conciliabili: ognuno ritrovava, in un modo o nell'altro, il suo punto di vista nello schema di base»[61]. Si è operato così un ripensamento radicale della missione, non più considerata come una funzione aggiuntiva alla realtà della Chiesa, dovuta alla condizione del mondo non ancora cristianizzato, ma come appartenente alla sua stessa natura.[62] Questa convinzione nei decenni successivi ha portato la riflessione teologica sulla missione della Chiesa a coincidere con l'Ecclesiologia[63]. È un punto di fondamentale importanza perché segna il passaggio da una concezione che considerava la missione come una delle tante attività della Chiesa, alla visione che pone la missione come la realtà che dà senso alla presenza della Chiesa nel mondo. Si è così rimandati all'origine e allo scopo della Chiesa in rapporto al disegno di Dio per il mondo.

2.1 Il fondamento trinitario della missione

L'ecclesiologia di comunione che caratterizza la Chiesa nella riflessione del Vaticano II, come abbiamo visto, ha il suo fondamento nella vita di comunione della Santissima Trinità. Riflettendo sull'*Ecclesia de Trinitate* nella quale l'unità fra le ipostasi divine fonda l'unità del popolo di Dio e rende possibile la sua partecipazione alla comunione trinitaria, giungiamo inevitabilmente a collocarci nella prospettiva missionaria che questa visione ci offre. Il Decreto *Ad Gentes* fonda la missione della Chiesa nelle missioni trinitarie[64]. In corrispondenza con la descrizione dell'origine della Chiesa dalla Trinità attuata dalla LG (nn. 2-4),

---

[60] Cf. K. MÜLLER, *La mission de l'Église*, 147-159.
[61] K. MÜLLER, *La mission de l'Église*, 150.
[62] Cf. AG 2.
[63] In tal senso è opportuno segnalare il saggio di S. DIANICH, *Chiesa estroversa*.
[64] Cf. L. SARTORI, «Trinità e Chiesa», 71.

Ad Gentes inserisce la missione della Chiesa nel dinamismo dell'invio del Figlio e dello Spirito da parte del Padre[65]. «La chiesa pellegrinante per sua natura è missionaria, in quanto essa trae origine dalla missione del Figlio e dalla missione dello Spirito Santo, secondo il disegno di Dio Padre»[66].

Il Decreto *Ad Gentes* fonda la missione della Chiesa nel disegno di Dio, il quale trae origine dall'«amore fontale», inteso come amore del Padre, dal quale Principio senza principio procedono il Figlio e lo Spirito. Lo svolgimento del pensiero segue la successione economico-salvifica come abitualmente è intesa nella teologia latina: il Padre manda il Figlio, il Figlio manda lo Spirito. Appare chiaro quindi il legame tra missione e Trinità, oltre che il legame tra natura della Chiesa e missione. A questo proposito, Congar afferma che la teologia che fonda l'attività missionaria non è teologica solo nel senso generale di una localizzazione epistemologica, semplicemente per il fatto che si tratterebbe di un discorso i cui principi o postulati vengono dalla fede. «È teologica per il suo contenuto, nel senso più forte di un discorso *su Dio*, e perfino nel senso preciso in cui i Padri greci, i Cappadoci soprattutto, distinguono la "teologia" (Dio in se stesso, Trino e Uno, e la creazione) dalla "economia" (la disposizione di grazia, soprattutto l'incarnazione)»[67].

Nel Decreto *Ad Gentes*, a differenza di quanto avveniva nella *Lumen Gentium*, si allude alla vita intima della Trinità,[68] più propriamente alle processioni, in corrispondenza delle quali poi fluiscono le missioni, sulla scia della dottrina classica, secondo la quale «missione» indica sia la dipendenza o l'origine di colui che è inviato rispetto a colui che in-

---

[65] All'origine di questa impostazione sta la richiesta di un gran numero di Padri durante la discusione conciliare sullo Schema sull'attività missionaria, conclusasi il 9 novembre 1964 con un voto che rinviava il testo alla Commissione: l'attività missionaria della Chiesa dovrebbe essere teologicamente fondata, le «missioni» dovrebbero essere comprese a partire dalla «missione» della Chiesa e lo Schema dovrebbe essere armonizzato con l'ecclesiologia della LG. Nella *Relatio* che accompagnava il testo in discussione a partire dal 7 ottobre 1965, spiegando la struttura del cap. I si diceva: «*Missiones, iuxta postulata Patrum Concilii, fundantur in doctrina de Ipso Deo Trino, prout profunde iam innuit S. Thomas*». ASy, IV, 3, 694.

[66] AG 2.

[67] Y. CONGAR, *Principes doctrinaux*, in J. SCHÜTTE, ed., *L'activité missionaire de l'Église*, 185-186.

[68] Cf. AG 2.

via, sia una presenza nuova presso colui al quale l'inviato si rende presente.

2.2 Il carattere ecclesiale della missione

La giustificazione della natura missionaria della Chiesa con il fatto che deriva dalle missioni divine ci fa comprendere che la Chiesa è inserita nel mondo come esito della comunicazione di Dio e con il compito di lasciar trasparire tale comunicazione[69]. La Chiesa si colloca così sulla linea dell'azione di Dio che incomincia con la creazione e con la chiamata a partecipare alla sua vita. L'obiettivo di tale comunicazione è pervadere tutte le cose, «sicché Lui che di tutti è il creatore, possa essere "tutto in tutti" (1 Cor 15,28), procurando ad un tempo la sua gloria e la nostra felicità»[70].

Il Decreto continua poi esprimendo l'aspetto comunitario della salvezza che non raggiunge gli uomini solo singolarmente, ma costituendo un popolo: «E piacque a Dio chiamare gli uomini alla partecipazione della sua vita non solo ad uno ad uno, senza alcuna mutua connessione, ma riunirli in un popolo, nel quale i suoi figli che erano dispersi si raccogliessero in unità»[71]. La sintonia tra questa affermazione e LG 9 è evidente: «Dio volle santificare e salvare gli uomini non individualmente e senza alcun legame tra di loro, ma volle costituire di loro un popolo»[72]. La Chiesa appare così come l'esito del disegno di Dio di rendere gli uomini partecipi della sua vita e della sua gloria. Si può a questo punto osservare con Masson che tra le missioni del Figlio e dello Spirito e l'attività missionaria della Chiesa vi è, come ha detto un giorno Paolo VI, un'analogia, «una stretta analogia». Essa non verte su una similitudine nelle stesse persone inviate, ma piuttosto sul movimento in se stesso, sull'estensione della carità al di là di se stessa; «questa estensione è non solo il movente essenziale e l'obiettivo delle missioni divine ad extra, ma deve costituire anche il movente e l'obiettivo di tutti gli invii ulteriori, sia che si tratti della Chiesa nel suo insieme, sia del singolo missionario»[73].

---

[69] Cf. AG 2.
[70] AG 2.
[71] AG 2.
[72] LG 9.
[73] J. MASSON, L'attività missionaria della Chiesa, 167.

La missione della Chiesa si pone pertanto in continuità con la missione del Figlio non in forza di un comando che questi avrebbe dato, ma per una necessità intrinseca della stessa: quel che egli ha attuato non è solo per qualcuno, ma per tutti e quindi deve essere reso disponibile a tutti. Così il contenuto della missione della Chiesa è il medesimo di quella del Figlio: la riconciliazione e l'unificazione di tutto[74]. Il principio motore della missione è poi lo Spirito Santo donato da Cristo a Pentecoste, avvenimento che viene presentato come il momento della manifestazione pubblica della Chiesa, l'inizio della diffusione del Vangelo, il superamento della dispersione di Babele[75]. La vita della Chiesa, grazie allo Spirito, prende così avvio in modo parallelo a quella di Cristo. Di conseguenza la missione non può che essere connaturata alla Chiesa: senza di essa questa non avrebbe senso perché non manterrebbe la sua origine.

L'origine dalla Trinità pone, infatti, nella Chiesa l'esigenza costitutiva della missione. Scaturendo dalle missioni divine del Figlio e dello Spirito, la Chiesa ne è la loro attualizzazione nel tempo, la comunità viva in cui nella forza del Consolatore è reso presente il Cristo, per compiere in ogni «qui» ed «ora» della storia la sua missione salvifica.[76]

Da quanto emerge da questi testi del Decreto AG è evidente il preciso disegno di Dio Padre, che Latourelle indica come l'estensione della stessa vita trinitaria all'umanità intera. «Per mezzo del Cristo, il Padre vuole associarci alle relazioni di filiazione e di spirazione della vita trinitaria. Egli vuole rigenerare il proprio Figlio in ogni uomo, insufflargli il suo Spirito e unire tutti gli uomini tra loro nella comunione più intima, perché tutti siano uno, come il Padre e il Figlio sono uno nello stesso Spirito di amore»[77].

Come popolo unito nel nome della Trinità ed in forza dell'unità profonda che esiste tra le Persone Divine, la Chiesa si è percepita fin dalle sue origini all'interno delle missioni divine, come segno e strumento della loro realizzazione nel tempo: «La Chiesa comprende la propria missione nel mondo entro la storia trinitaria di Dio con il mondo. Con tutte le sue attività e sofferenze, la Chiesa è un fattore di questa storia del Regno di Dio [...]. L'obiettivo cui essa mira non è la propria gloria,

---

[74] Cf. AG 3.
[75] Cf. AG 4.
[76] Cf. B. FORTE, *La Chiesa della Trinità*, 317.
[77] R. LATOURELLE, *Teologia della rivelazione*, 512-513.

bensì la glorificazione del Padre per mezzo del Figlio nello Spirito Santo»[78].

La missione della Chiesa, quindi, scaturisce dalla stessa sorgente da cui è formata la Chiesa: «è *missio de Trinitate*, tendente a realizzare la gloria della Trinità nell'uomo vivente e nell'universo interamente riconciliato con Dio».[79]

2.3 *Verso un fondamento ecclesiologico e trinitario della missione*

Il Concilio Vaticano II, come abbiamo potuto constatare, ha operato una svolta nella missiologia classica: «non dimenticando né sottovalutando le missioni classiche (cf. il Decreto AG), le ha integrate nel contesto complessivo dell'essere e dell'agire della Chiesa in sé (Costituzione dogmatica LG) e nei riguardi del mondo contemporaneo (Costituzione pastorale GS), mutando così il punto di partenza, la prospettiva di arrivo e il soggetto privilegiato della missionarietà».[80]

Ci pare importante evidenziare che nel Decreto AG il Concilio non si è accontentato di fondare l'attività missionaria della Chiesa nella missione divina *ad extra*, e cioè nella missione di Gesù Cristo e nella missione dello Spirito Santo, ma è andato oltre, risalendo alla sorgente stessa di questa espressione concreta. Infatti il mistero dell'Incarnazione del Verbo di Dio nella persona di Gesù Cristo e tutta la sua vita, che ha il suo culmine nel mistero pasquale, e la diffusione dello Spirito Santo dono e guida della Chiesa, sono una manifestazione e realizzazione del piano salvifico che scaturisce dall'amore di Dio Padre. Di conseguenza la missione di Gesù e la missione che egli stesso ha affidato agli apostoli, quella cioè di andare in tutto il mondo per predicare il Vangelo, sono intimamente legate con l'amore di Dio, il quale ne è la sorgente e la causa ultima. Si può quindi affermare che la missione della Chiesa è intimamente legata con la vita stessa di Dio intesa come comunione e comunicazione dell'amore della Santissima Trinità.

---

[78] J. MOLTMANN, *La Chiesa nella forza dello Spirito*, 26.
[79] B. FORTE, *La Chiesa della Trinità*, 319.
[80] P. VANZAN, «La nuova missionarietà», 14. Cf. S. DIANICH, *Chiesa in missione*, che dimostra come dal Concilio Vaticano II all'Esortazione apostolica *Evangelii Nuntiandi* di Paolo VI, si completi la svolta semantica e contenutistica «dalle missioni alla missione».

Questa comunione e comunicazione si esprime anche visibilmente, *ad extra*, per l'umanità, nella missione di Cristo e dello Spirito Santo[81]. Questa prospettiva, come abbiamo visto, emerge dai testi del Decreto AG e ci conduce a scoprire e comprendere il fondamento trinitario della missione. Secondo A. Wolanin, il fondamento trinitario, comprende non solo le missioni divine *ad extra,* ma anche e soprattutto la Trinità stessa come comunione delle Persone divine cioè la Trinità immanente. «Ed è proprio questa Trinità che è la fonte e la causa primordiale della missione della Chiesa. In questo senso si potrebbe dire che tra l'esistenza della Chiesa e la sua natura missionaria da una parte, e la Santissima Trinità dall'altra esiste un nesso ontologico. In altre parole la natura missionaria della Chiesa dipende ontologicamente dalla Santissima Trinità»[82].

Y. Congar, commentando la parte dottrinale di AG, ha osservato che nel motivare la propria missione la Chiesa è andata oltre al mandato positivo di Cristo[83] fino alla vita intima della Santissima Trinità perché è lì che la missione di Cristo e dello Spirito Santo ha la propria sorgente e origine[84]. Masson, riferendosi all'inizio del Documento sulla missione che esordisce con l'espressione *Ad gentes divinitus missa est Ecclesia*, fa notare che *divinitus* significa non soltanto «per mandato divino», ma vuole indicare soprattutto che questa missione della Chiesa proviene «dall'intimo stesso di Dio»[85]. Quindi tutta la Santissima Trinità è coinvolta nella missione e costituisce il vero fondamento della natura missionaria della Chiesa. Il legame che esiste tra la Chiesa e la Santissima Trinità non è puramente nominale né accidentale, ma è necessario

---

[81] Cf. A. WOLANIN, *Teologia della missione*, 52-53.

[82] A. WOLANIN, «Fondamento trinitario della missione», 38-39.

[83] Sappiamo infatti che la base teologica dell'attività missionaria della Chiesa, prima del Vaticano II, coincideva con il comandamento missionario del Signore Risorto espresso dal testo di Mt 28,19-20: *«Andate dunque e ammaestrate tutte le nazioni, battezzandole nel nome del Padre e del Figlio e dello Spirito Santo, insegnando loro ad osservare tutto ciò che vi ho comandato».* Alla luce di quanto emerge dai documenti conciliari, possiamo notare che questo comandamento missionario e la missione stessa di Gesù Cristo hanno la loro origine e fondamento nella Santissima Trinità. È da lì che parte la missione, ed è lì che trova il suo compimento definitivo. (Cf. Ef 1,3-14; 2,18; LG 4; 48; AG 2).

[84] Cf. Y. CONGAR, *Principes doctrinaux*, in J. SCHÜTTE, *L'activitè missionnaire de l'Eglise*, 185-186.

[85] J. MASSON, «Missione», 544.

e vitale, quanto necessario e vitale è il rapporto tra la Chiesa e Gesù Cristo. L'espressione «la Chiesa è icona della Santissima Trinità», tanto cara alla teologia e l'ecclesiologia della Chiesa ortodossa[86], è valida anche per la teologia cattolica[87].

Tuttavia Leo Scheffczyk, pur riconoscendo le grandi ricchezze teologiche e spirituali che si trovano nelle affermazioni conciliari riguardanti il rapporto tra la missione della Chiesa e la Santissima Trinità, osserva che «la teoria della missione inclusa nel decreto *Ad Gentes* non è strettamente trinitaria».[88] Il Concilio, secondo Scheffczyk, non avrebbe sufficientemente sviluppato il tema del rapporto tra la missione della Chiesa e la vita intima della Trinità e, del resto – come ammette lo stesso autore – non era nelle intenzioni dei Padri conciliari sviluppare questo rapporto in un documento di carattere pastorale. Ciò che Scheffczyk postula è che nel fondare la missione dalla Chiesa, anzi della sua stessa esistenza, occorre andare oltre la missione divina *ad extra,* cioè oltre la dimensione economico - salvifica della Trinità. Occorre insistere sul fatto che la missione della Chiesa procede intrinsecamente ed essenzialmente dalla Santissima Trinità, ed è strutturata trinitariamente[89].

È un'osservazione preziosa che ci stimola ad approfondire, in questo senso, la missione della Chiesa in prospettiva trinitaria. Ci pare che l'esigenza di un maggior sviluppo del fondamento trinitario della missione della Chiesa non significa che nel decreto *Ad Gentes* non ci sia il riferimento chiaro ed esplicito alla «causa ultima» dell'autorivelazione di Dio e della sua opera redentrice, e quindi anche della missione della Chiesa. Il riferimento alla carità di Dio Padre come fonte d'amore dalla quale scaturisce il piano salvifico, rivela chiaramente che l'intenzione del Concilio è stata quella di ricordare il vero ed ultimo fondamento della missione della Chiesa. Dio è fondamento della missione della Chiesa anche come fine e compimento. L'AG a questo proposito afferma che Dio «ci chiama a partecipare alla sua vita e alla sua gloria»[90] il che significa la nostra salvezza. Tutta la missione di Cristo e della

---

[86] Cf. G. DRAGAS, «Orthodox Ecclesiology in Outline», 186.
[87] Cf. N. SILANES, *La Iglesia de la Trinidad.*
[88] L. SCHEFFCZYK, «Trinidad y mision», 259.
[89] Cf. L. SCHEFFCZYK, «Trinidad y mision», 259-263; J.S. CONNOR, «Toward a Trinitarian Theology of Mission»,155-168.
[90] AG 2.

Chiesa, sotto la guida dello Spirito Santo, non solo discende dalla Fonte d'Amore, che è la più intima unione e comunione della Santissima Trinità, ma ha come fine ultimo far ascendere verso Dio l'intera umanità[91].

2.4 L'Enciclica *Redemptoris Missio*

Nel testo del Decreto conciliare sull'attività missionaria della Chiesa le missioni si contemplano, come abbiamo visto, alla luce della vita trinitaria, come il prolungamento delle divine comunicazioni. Il fondamento dell'attività missionaria della Chiesa è quindi nella missione del Figlio di Dio e nella missione dello Spirito Santo, secondo il piano salvifico di Dio Padre. Questa contemplazione della missione della Chiesa alla luce della profondità del mistero trinitario è stata certamente un fatto nuovo nella teologia della missione. La teologia scolastica aveva spiegato molto bene le «missioni trinitarie», quella del Figlio e dello Spirito, e il loro rapporto con le «processioni divine», ma mancava una teologia della missione della Chiesa, e anche una spiegazione del dinamismo della sua attività missionaria, alla luce del mistero trinitario. La novità della teologia missionaria dell'AG risiedeva, principalmente, nello studio della missione della Chiesa e del suo rapporto con la sorgente di ogni missione che è il Padre e la relazione profonda tra la missione dello Spirito, sempre nuova ed attuale, e quella della Chiesa, unita al lavoro dello Spirito di Cristo. Questa teologia verrà sviluppata più avanti nell'Esortazione apostolica sull'evangelizzazione nel mondo contemporaneo *Evangelii Nuntiandi* (EN) di Paolo VI e, conseguentemente nell'Enciclica *Redemptoris Missio* di Giovanni Paolo II. Finora la missione della Chiesa era stata contemplata, quasi esclusivamente, alla luce della missione del Figlio[92]. L'*Evangelii Nuntiandi* metterà l'accento su Cristo evangelizzatore e, conseguentemente, chiarirà che l'evangelizzazione contiene «come base, centro e insieme vertice del suo dinamismo, una chiara proclamazione che, in Gesù Cristo, Figlio di Dio fatto uomo, morto e risuscitato, la salvezza è offerta ad ogni uomo, come dono di grazia e misericordia di Dio stesso»[93].

---

[91] Cf. A. WOLANIN, *Teologia della missione*, 57-58.
[92] Cf. J. LÓPEZ-GAY, «Ad Gentes», 6-7.
[93] EN 27.

Nel XXV anniversario del Decreto conciliare *Ad Gentes*, il 7 dicembre 1990, Giovanni Paolo II offre alla Chiesa l'Enciclica *Redemptoris Missio*, per rispondere alle molte richieste di un documento sull'attualità e l'urgenza dell'attività missionaria della Chiesa e in particolare per dissipare dubbi e ambiguità circa la missione *ad gentes*. «A causa dei cambiamenti moderni e del diffondersi di nuove idee teologiche, alcuni si chiedono: È ancora attuale la missione tra i non cristiani? Non è forse sostituita dal dialogo inter-religioso? Non è un suo obiettivo sufficiente la promozione umana? [...] Non ci si può salvare in qualsiasi religione? Perché quindi la missione?»[94]. Allo stesso tempo Giovanni Paolo II constata il fatto storico, reale, della missione della Chiesa, che nonostante sia universale per natura e per il mandato di Cristo stesso, «è ancora ben lontana dal suo compimento»[95]. La RMi, nel rispondere a questi interrogativi fondamentali, offre una visione unitaria e armoniosa della missione, armoniosa unità di vari elementi teologici e di iniziative operative che sono rapidamente cresciute nel campo della missione del post-concilio. Si possono evidenziare in particolare l'origine trinitaria e la fondazione cristologica e pneumatologica della missione, che riprende l'impianto trinitario del Decreto *Ad Gentes*, a differenza dell'*Evangelii Nuntiandi* che parte dalla missione di Gesù Cristo[96].

Riprendendo quindi la linea indicata nel Decreto conciliare *Ad Gentes*, la *Redemptoris Missio* fonda la missionarietà della Chiesa sulla missione trinitaria:

> Il concilio Vaticano II ha inteso rinnovare la vita e l'attività della Chiesa secondo le necessità del mondo contemporaneo: ne ha sottolineato la «missionarietà», fondandola dinamicamente sulla stessa missione trinitaria. L'impulso missionario, quindi, appartiene all'intima natura della vita cristiana e ispira anche l'ecumenismo: «Che tutti siano una cosa sola..., perché il mondo creda che tu mi hai mandato» (Gv 17,21)[97].

Sono parole che esprimono con chiarezza il fondamento trinitario della missione. Appartenendo «all'intima natura della vita cristiana» la missione ha il suo fondamento nella Santissima Trinità, nell'intimo

---

[94] RMi 4.
[95] RMi 1.
[96] Cf. J. TOMKO, «A dieci anni dalla *Redemptoris Missio*», 12.
[97] RMi 1.

della vita di Dio, in quel movimento pericoretico di comunione e di relazione che diventa apertura, missione. Nel primo capitolo sul Regno di Dio, la salvezza viene vista in prospettiva trinitaria: «La salvezza consiste nel credere e accogliere il mistero del Padre e del suo amore, che si manifesta e si dona in Gesù mediante lo Spirito»[98].

Un altro aspetto presente nella RMi è la visione della missione della Chiesa come necessaria alla continuazione della missione di Gesù Cristo. Questi temi, sottolinea J. Tomko, vengono recentemente ripresi nella formulazione della *Missio Dei* e cioè del Dio Uno – Trino che per mezzo di Gesù Cristo e del suo mandato ha la continuazione nella missione della Chiesa: «Come il Padre ha mandato me, anch'io mando voi»[99] ed «ecco io sono con voi tutti i giorni, fino alla fine del mondo»[100]. Questo significa il ritorno alla visione integrale della missione, come opera della Trinità per mezzo della missione salvatrice di Cristo in virtù dello Spirito Santo che «agisce attraverso la missione della Chiesa, Sacramento universale della salvezza, e sparge *semina verbi* tra le genti, secondo l'unico disegno di Dio, "il quale vuole che tutti gli uomini siano salvati e arrivino alla conoscenza della Verità"(1Tm 2,4)»[101].

2.5 *La missione universale della Chiesa*

In questo excursus abbiamo evidenziato gli elementi essenziali del cammino fatto dalla teologia missionaria dal Decreto AG alla RMi. Nella nuova prospettiva missionaria presente in quest'ultimo documento, abbiamo potuto notare un progressivo approfondimento della missione della Chiesa, in particolare riguardo al suo fondamento ecclesiologico-trinitario, visto – in ultima analisi dalla RMi – come la partecipazione degli uomini alla vita trinitaria. Il *Catechismo della Chiesa Cattolica* (CCC) presentando la missione come un'esigenza legata alla cattolicità della Chiesa, ne tratta brevemente riguardo all'origine e allo scopo, citando il documento conciliare AG e, quasi a completamento di quest'ultimo, la RMi. Il testo del Catechismo sintetizza in questo modo:

---

[98] RMi 12.
[99] Gv 20,21.
[100] Mt 28,20; Cf. J. TOMKO, «A dieci anni dalla *Redemptoris Missio*», 13.
[101] J. TOMKO, «A dieci anni dalla *Redemptoris Missio*», 13.

Il mandato missionario del Signore ha la sua ultima sorgente nell'amore eterno della Santissima Trinità: «La Chiesa pellegrinante per sua natura è missionaria, in quanto essa trae origine dalla missione del Figlio e dalla missione dello Spirito Santo, secondo il disegno di Dio Padre» (AG 2). E il fine ultimo della missione altro non è che di rendere partecipi gli uomini della comunione che esiste tra il Padre e il Figlio nel loro Spirito d'amore (RMi 23)[102].

La sequenza di questi due testi nell'unico numero del Catechismo della Chiesa Cattolica ci sembra significativa di un'ulteriore approfondimento del fondamento trinitario della missione della Chiesa. Il mistero della Chiesa e in particolare il suo essere «sacramento universale di salvezza» non si spiega che alla luce della Trinità e in particolare della comunione che circola tra le persone divine.

La Chiesa comprende quindi la propria missione nel mondo entro la storia trinitaria di Dio con il mondo. L'origine dalla Trinità pone nella Chiesa l'urgenza costitutiva della missione. Analogamente a quanto avviene nel mistero trinitario, la missione è per la Chiesa l'espressione del dinamismo più profondo della sua comunione, l'irradiazione sgorgante dalla sovrabbondanza dell'amore, in essa effuso dallo Spirito Santo. In forza di questo costitutivo dinamismo missionario, «la Chiesa si pone nel mondo come il lievito nella pasta, fermento che porta la vita divina nelle più diverse situazioni della storia ed, a sua volta, assume in sé e presenta a Dio i valori delle realtà mondane, *Ecclesia in via*, pellegrina verso la Trinità da cui viene ed in cui esiste come sua *kenosi* e suo splendore nel cammino del tempo»[103].

3. Il cammino della teologia della missione

Da quanto abbiamo potuto finora rilevare, il Concilio Vaticano II con il Decreto AG e Giovanni Paolo II con l'Enciclica *Redemptoris Missio* hanno posto due saldi pilastri nella riflessione teologica ed ecclesiologica sulla missione della Chiesa. In questo arco di tempo si è così sviluppata una nuova teologia della missione. Per cogliere in pienezza questa novità, ci pare importante guardare anche al retroterra teologico nel quale la riflessione missiologica ha camminato, «preparando», se così possiamo dire, il terreno alla nuova riflessione ecclesio-

---

[102] CCC 850.
[103] B. FORTE, *La Chiesa della Trinità*, 318.

logica e trinitaria del Vaticano II, e orientando la missione della Chiesa verso il fondamento comunionale-trinitario. Vedremo, in sintesi, alcuni passaggi che riteniamo importanti per una maggior comprensione del fondamento trinitario della missione della Chiesa.

3.1 *L'apporto della riflessione missiologica*

Il secolo XX ha visto la nascita e lo sviluppo della Teologia della missione, una interpretazione riflessa della missione, sviluppatasi in ambiente protestante e cattolico. La riflessione missiologica, avviata sul finire del 1800 dal pastore protestante G. Warneck (1834-1910)[104] e poi ripresa da teologi cattolici come J. Schmidlin (1876-1944), considerato a sua volta iniziatore e padre della missiologia cattolica[105], insieme a R. Streit[106], (1875-1930), si è sviluppata grazie alla nascita di «correnti» o «scuole missiologiche» che hanno contribuito a dare degli orientamenti alla missiologia. La «scuola di Münster» conosciuta anche come teoria

---

[104] Cf. H. KASDORF, «The Legacy of Gustav Warnek», 102-107. Warnek ha pubblicato uno studio nel quale ha proposto l'idea di una «scienza missionaria» come disciplina autonoma: G. WARNEK, «Die Mission als Wissenschaft» 397-407; 445-457. Egli intende la missione come l'insieme di attività sviluppate dal cristianesimo in ordine a impiantare e organizzare la Chiesa cristiana tra i non cristiani. Il fine delle missioni consiste nell'estendere il cristianesimo, cioè, nell'impiantare la Chiesa cristiana nel mondo intero; impiantamento che non si può fare individualmente, ma che necessita di un organismo preparato per questo lavoro. Questo è il suo *fine generale*; il *fine prossimo* è la *conversione e la salvezza degli individui*, radunati in piccole comunità credenti; e il lavoro missionario non termina fino a che non si arriva alla formazione di una Chiesa che può trasformare la vita di un popolo. Cf. A. SANTOS, «La Escuela de Lovaina», 57.

[105] Cf. A. SEUMOIS, *Introduction à la Missiologie,* 29. Si veda inoltre: J. LÓPEZ-GAY, *Introduzione alla missiologia*; A. WOLANIN, «Missiologia», 471-479. Il concetto di missione viene inteso da Schmidlin nel modo seguente: «Se missionarizzazione equivale a cristianizzazione – e ciò nel linguaggio comune è abituale – allora oggetto della missione può essere solamente il mondo ancora da convertire, ossia quello non cristiano (pagano nel senso più largo). [...] Missione nel senso più stretto significa pertanto diffusione della fede tra i non cristiani e cioè, in linea discendente, in mezzo ai pagani, tra i maomettani e in mezzo ai giudei». J. SCHMIDLIN, *Katholische Missionslehre im Grundiss,* Münster 1923², 33-34.

[106] Robert Streit non solo fu collaboratore di Schmidlin ma fu un vero ispiratore e iniziatore della nuova disciplina che più tardi avrebbe ricevuto il nome di «Missiologia», equivalente al termine tedesco «Missionswittenschaft». Cf. W. HENKEL, «The Legacy of Robert Streit», 16-20.

della conversione o della salvezza delle anime[107], alla quale appartenevano J. Schmidlin, R. Streit e T. Ohm. La «scuola spagnola» della quale fanno parte J. Zameza e O. Domínguez, ha sviluppato in particolare la dottrina paolina sul Corpo Mistico del Cristo[108]. La Scuola di Lovanio, assegnava alla missione lo scopo di promuovere la conversione e il battesimo dei non cristiani e la *plantatio ecclesiae*. I principali teologi di questa scuola sono R. Lange, P. Charles e J. Masson.[109] A queste scuole missiologiche si unisce quella francese dei padri domenicani N. Dunas e A.M. Henry, che metteva in risalto il carattere cristologico della missione. Tutte queste scuole o correnti hanno sviluppato in modo particolare le teorie circa il fondamento e il fine specifico dell'attività missionaria della Chiesa. Per il nostro lavoro ci interessa evidenziare come la riflessione sul fondamento trinitario della missione della Chiesa sia stata il frutto della complementarietà di questi diversi apporti delle scuole missiologiche che non vanno visti in opposizione tra loro, come fa notare Wolanin: «la conversione, l'impiantazione della Chiesa e l'edificazione del Corpo Mistico di Cristo costituiscono infatti diversi aspetti complementari della stessa realtà, e non elementi che si contrappongono»[110].

---

[107] Cf. J. BLAUW, *The missionary of the Church*.

[108] Questa scuola ha un orientamento più cristocentrico. La meta non è la *plantatio ecclesiae* ma la trasformazione e l'incorporazione dei pagani in Cristo, nel suo Corpo mistico, la Chiesa. Il determinante non è la Chiesa come *magnitudo* gerarchica che bisogna edificare, ma la Chiesa come *Mysterium Christi*, come Corpo mistico che accoglie tutti in sé e costituisce la Chiesa «*ex gentibus*». Cf. A. SANTOS, *Teología sistemática de la misión*, 85; cf. ID., *Una misionología española*.

[109] Cf. A. SANTOS, *Teología sistemática de la misión*, 154-236. «La tesi fondamentale della Scuola di Lovanio è quella della *plantatio ecclesiae* e l'oggetto formale della missione è la costituzione della Chiesa visibile nei paesi dove essa non è ancora costituita. Il vero criterio perché un territorio sia «territorio di missione» è costituito dall'assenza della Chiesa visibile, provvista di tutte le sue strutture, da intendersi soprattutto come gerarchia propria, disponibilità permanente dei mezzi della salvezza, accessibilità morale ai sacramenti. La giustificazione della missione non si trova nell'obbedienza al comando del Signore o nella preoccupazione per la salvezza delle anime, ma nella natura stessa della Chiesa, che raggiunge la sua piena identità solo quando abbraccia il mondo intero. «Il compito particolare della missione consiste nell'allargare i confini della Chiesa visibile, di portare la sua crescita fino al compimento, di seminare il mondo intero con le preghiere e l'adorazione, e di rendere al Salvatore tutta la sua eredità». P. CHARLES, *Missiologie, études, rapports, conférences*, Lovanio 1939, 65.

[110] A. WOLANIN, *Teologia della missione*, 24.

Sostanzialmente possiamo considerare due piste di riflessione, portate avanti in vari libri e articoli sulla missione della Chiesa, che prepareranno il terreno alla prospettiva missionaria della Chiesa emergente nel Concilio Vaticano II. Nella prima pista di riflessione la missione viene considerata principalmente in prospettiva cristologico-ecclesiologica, con accenti giuridici ben marcati, nel duplice senso di «soggetto» e «scopo» dell'attività missionaria. Cristo manda la Chiesa e la Chiesa, a sua volta, manda alcuni dei suoi fedeli, i «missionari». In questo senso Cristo e, a suo nome, la Chiesa sono «soggetto» della missione. Questa dimensione cristologico-ecclesiologica della missione in rapporto allo «scopo» o «oggetto» dell'attività missionaria ha come fine specifico l'annuncio del Vangelo di Cristo e l'impiantazione di Chiese in quegli ambienti in cui essa non esiste ancora. Notiamo qui presente la prospettiva che ritroveremo poi nel Decreto *Ad Gentes:* «Il fine proprio di questa attività missionaria è l'evangelizzazione e l'impianto della Chiesa nei popoli o gruppi nei quali ancora non ha messo radici»[111]. Secondo la corrente spagnola di missiologia questo fine consiste nell'edificare il Corpo di Cristo[112].

Ancora prima del Concilio Vaticano II, nella riflessione sulla missione della Chiesa alcuni autori mettevano in risalto la dimensione teologico-trinitaria della missione, considerandola nel suo aspetto discendente e ascendente[113]. Nell'aspetto discendente la missione parte da Dio mentre nell'aspetto ascendente la missione si esprime nella sua finalità ultima, che è quella di ricondurre tutti gli uomini a Dio ricapitolando in Cristo tutte le cose[114]. Si prepara in questo modo il terreno per quella formulazione ecclesiologica di massima importanza, in cui la Chiesa viene presentata come «missionaria per sua natura», in quanto deriva la propria origine dalla missione del Figlio e dalla missione dello Spirito Santo, secondo il disegno di Dio Padre; il disegno che scaturisce dalla stessa fonte d'amore, dalla carità di Dio Padre, come recita AG 2[115].

---

[111] AG 6.
[112] Si veda lo studio di J. ZAMEZA, *El Cuerpo Místico*.
[113] Cf. L. e A. RETIF, *Pour une Eglise en état de Mission,* 70, dove si dice: «La mission s'inscrit dans le mouvement trinitaire; elle a pour origine le Père et pour fin retour au Père».
[114] Cf. Ef 1,9-12.
[115] Cf. A. WOLANIN, *Teologia della missione,* 24-26.

3.2 *Un nuovo paradigma della missione:* la missio Dei

Poco dopo la pubblicazione dell'Enciclica *Redemptoris missio* lo sguardo forse più comprensivo riguardo alla missione è apparso quello del missiologo sud-africano D.J. Bosch (1929-1992). Con il titolo *Trasforming Mission*[116] l'esegeta e storico Bosch ha passato in rassegna l'attività missionaria della Chiesa, ed in conclusione ha proposto un «cambiamento di paradigma» nel campo della missione, cioè un riordino fondamentale dei concetti della missiologia per venire incontro ad una situazione largamente cambiata. Secondo R. J. Schreiter però «il suo paradigma ecumenico post-moderno sembrava più simile a come la missione era diventata dagli anni sessanta, che a qualcosa di veramente nuovo. Forse oggi, dieci anni dopo, potremo vedere meglio che genere di mutamento si stia avverando, come già anticipato dalla *Redemptoris Missio*»[117].

Questo nuovo paradigma può essere chiamato *«missio Dei»,* cioè un concetto di missione che mette a fuoco il lavoro di Dio nella missione, specialmente attraverso l'azione delle persone della Santissima Trinità. Bosch stesso rileva che «nel corso, più o meno dell'ultimo mezzo secolo, vi è stato un sottile ma nondimeno decisivo spostamento verso una concezione della missione come missione di Dio»[118]. Il primo sostenitore della *missio Dei* era K. Barth con un saggio letto alla Conferenza missionaria di Brandeburgo del 1932. «Karl Barth divenne uno dei primi teologi a presentare la missione come attività di Dio».[119] Barth può essere definito il primo vero esponente di un nuovo paradigma teologico che operò una rottura radicale con l'approccio illuministico

---

[116] L'originale D.J. BOSCH, *Transforming Mission. Paradigm Schiftz in Theology of Mission*, Maryknoll/N.Y. (USA) 1997¹² è stato tradotto e pubblicato in italiano: *La trasformazione della missione. Mutamenti di paradigma in missiologia*, Brescia 2000.

[117] R.J. SCHREITER, «*Redemptoris Missio*», 39. Anche Colzani, senza entrare in discussioni di metodo, osserva che il paradigma ecumenico post-moderno che Bosch prova a tracciare, è figlio più del passato che del futuro. Secondo Colzani l'analisi dei tredici paragrafi che lo costituiscono mostra un minuzioso ripensamento della storia precedente ma manca il coraggio di guardare avanti. «Si potrebbe dire che il futuro di Bosch assomiglia più al "possibile oggettuale" di E. Bloch (E. BLOCH, *Gli strati della categoria possibilità*, in ID., *Il principio speranza*. I/2: *La coscienza anticipante* [1959], Milano 1994, 269-275) che ad una rinnovata formulazione della speranza cristiana». G. COLZANI, «Missione», 10-11.

[118] D.J. BOSCH, *La trasformazione della missione*, 538.

[119] D.J. BOSCH, *La trasformazione della missione*, 539.

alla teologia. La sua influenza sul pensiero missionario raggiunse il culmine alla Conferenza di Willingen dell'International Missionary Council, nel 1952. Fu in quell'occasione che affiorò per la prima volta con chiarezza l'idea, se non proprio l'espressione della *missio Dei*[120].

> La missione fu intesa come derivata dalla natura stessa di Dio, e fu collocata nel contesto della dottrina della Trinità, e non in quello dell'ecclesiologia o della soteriologia. La dottrina classica della *missio Dei* come missione del Figlio da parte di Dio il Padre, e come missione dello Spirito da parte di Dio il Padre e il Figlio, fu allargata a un ulteriore "movimento": la missione della Chiesa nel mondo da parte di Padre, Figlio e Spirito Santo. Per il pensiero missionario, questo collegamento alla dottrina della Trinità costituì un'importante innovazione[121].

La visione elaborata a Willingen concepiva quindi la missione come partecipazione della missione di Dio. La nostra missione, vista da questa angolatura, è priva di vita propria: può essere detta veramente missione soltanto nelle mani del Dio che manda, anche perché l'iniziativa missionaria viene soltanto da Dio[122]. Dopo Willingen, la concezione della missione come *missio Dei*, è stata accolta anche nella teologia della missione cattolica: è evidente nella presentazione dei principi teologici del Decreto missionario *Ad Gentes,* dove la missione è descritta come «epifania del piano di Dio»[123] e dove è stata elaborata la natura trinitaria dell'azione di Dio nel mondo[124]. La *missio Dei* ha importanti conseguenze per le attività missionarie della Chiesa. La «missione», singolare, rimane primaria; le «missioni», plurali, costituiscono un derivato[125]. Bosch, citando Neill, afferma che egli, riferendosi al dopo Willingen, proclama audacemente: «L'età delle missioni è alla fine; è iniziata l'età della missione»[126]. Ne consegue che dobbiamo distinguere tra missione e missioni. «Non possiamo affermare immediatamente che ciò che facciamo è identico alla *missio Dei*; le nostre attività missionarie sono autentiche soltanto nella misura in cui riflettono una partecipazione alla missione di Dio»[127]. Alla metà del

---

[120] Cf. D.J. BOSCH, *La trasformazione della missione,* 539.
[121] D.J. BOSCH, *La trasformazione della missione,* 539.
[122] Cf. D.J. BOSCH, *La trasformazione della missione,* 539.
[123] AG 9.
[124] AG 2.
[125] Cf. D.J. BOSCH, *La trasformazione della missione,* 540.
[126] S. NEILL, *A History of Christian Missions,* citato in D.J. BOSCH, *La trasformazione della missione,* 540.

no una partecipazione alla missione di Dio»[127]. Alla metà del secolo, quindi, la discussione intorno alla *missio Dei* ha spesso messo a fuoco come la missione riveli la natura di Dio al mondo, e la Chiesa come mediatrice di quella rivelazione.

Il termine *missio Dei* diventa pubblico nella missiologia con D.G. Vicedom e la sua opera «*Missio Dei*»[128]. Vicedom lamenta il fatto che «fino ai nostri giorni» la missione sia rimasta sotto il segno dell'apologetica. Ritiene indispensabile «rifondare la concezione della missione». Rifacendosi alla dichiarazione di Willingen, riprende quanto ha detto K. Hartenstein: «La missione non è solo obbedienza al comando del Signore, non è solo un obbligo a riunire la comunità; essa è partecipazione alla missione del Figlio, alla *missio Dei*, e mira a stabilire la signoria di Cristo su tutta la creazione redenta»[129]. Chiesa e missione, secondo Vicedom, non sono realtà autonome, ma hanno la loro sorgente nella volontà e nell'amore di Dio. La *missio Dei* è più ampia della missione della Chiesa. La Chiesa è solo parte della missione del Dio Trino. Il soggetto attivo della missione è Dio. La missione ha la sua fonte e il suo fondamento nella *missio Dei*. In quanto partecipazione è imitazione della *missio Dei*. E, dato che il modello della missione risiede nelle missioni intratrinitarie, «il suo servizio è stabilito dal divino e il senso e il contenuto della sua azione è determinato dalla *missio Dei*»[130].

La tesi della *missio Dei*, sorta in area protestante nell'ambito barthiano, è stata largamente accolta da tutti, anche dal mondo cattolico che, come abbiamo visto, l'ha autorevolmente ratificata nel primo capitolo dell'*Ad Gentes*. Il suo valore è di ribadire, contro forme di eccessivo pragmatismo, che la missione è partecipazione alla missione di Dio: la *missio Dei* è l'unico contesto in cui sono comprensibili e legittimabili le *missiones ecclesiae*. Da qui il doppio sviluppo della tesi: da una parte la missione è descritta come solidarietà con il Cristo incarnato e crocifisso, dall'altra è spinta fino alla vita trinitaria così da presentarla come l'opera del Padre, del Figlio e dello Spirito: essa sarebbe il volgersi di Dio alla sua creazione per prendersene cura, attraverso la redenzione, fino alla sua consumazione.

---

[127] D.J. BOSCH, *La trasformazione della missione*, 540-541.
[128] Cf. J. LÓPEZ-GAY, «La misionología posconciliar», 16-24.
[129] D.G. VICEDOM, *Missio Dei*, 12.
[130] D.G. VICEDOM, *Missio Dei*, 14.

Una determinata insistenza sullo Spirito può, però, finire per stravolgere questa stessa tesi; è l'allarme lanciato da H.H. Rosin fin dal 1972. Egli teme che la tematica, sorta per contrastare una secolarizzazione della missione, finisca per ritornarvi attraverso una descrizione dell'opera dello Spirito totalmente storica. In questo caso la *missio Dei* si rivelerebbe un cavallo di Troia che reintrodurrebbe il primato dell'agire sociale nella missione[131]. È evidente che questo esito comporta una nuova comprensione della missione, correlata con una nuova comprensione della salvezza. Ci si vuole staccare da una concezione ecclesiocentrica, in forza della quale il Regno di Dio veniva incapsulato nella Chiesa, come se il mondo fosse escluso dall'azione di Dio o ne fosse raggiunto solo mediante la Chiesa. La missione della Chiesa è invece partecipazione dei cristiani alla storia del mondo. A partire da questa considerazione il teologo olandese J.C. Hoekendijk, il cui contributo a Willingen fu determinante, introdurrà la nozione escatologico-soteriologica di *Shalom*, a suo parere più ampia di quella di salvezza. *Shalom* è un evento sociale di liberazione totale al quale la Chiesa deve prendere parte, uscendo dalle rappresentazioni prefabbricate del suo scopo, per assumere il cammino di «improvvisazioni incessantemente osate»[132]. Il riferimento alla *missio Dei* libera la missione dalla Chiesa e la lega strettamente al processo di liberazione in atto nel mondo: è questo che indica alla Chiesa qual è il suo compito nelle diverse situazioni[133].

Come possiamo notare il cammino della riflessione missiologica attorno al tema della *missio Dei* tocca diversi aspetti, aprendo importanti prospettive, anche opinabili, che ci pare siano da prendere in considerazione per comprendere sempre meglio il retroterra teologico che ha

---

[131] Cf. H.H. ROSIN, *Missio Dei*.

[132] Per avere un'analisi del pensiero di Hoekendijk si veda G. COFFELE, *Johannes Christian Hoekendijk*; una sintetica illustrazione si trova in S. SPINSANTI, «Sviluppi», 369-372.

[133] Hoekendijk ritiene si debba passare da una «teologia della missione» a una «teologia missionaria», che in forma progettuale e provvisoria egli così descrive: «Un intento disciplinato per capire Dio come un Dio missionario, cioè, come "il Salvatore la cui volontà è che tutti gli uomini trovino la salvezza e arrivino alla conoscenza della verità" (1Tim 2,4s). Uno "studio di Dio" di come egli è entrato nell'orizzonte dell'uomo nella sua rivelazione di un'economia di salvezza, per poter capire la missione; simultaneamente, uno "studio della Missione" per capire meglio: Dio-come-Salvatore». Cf. G. COFFELE, *Johannes Christian Hoekendijk*, 66-67.

preceduto e preparato l'importante svolta del Vaticano II[134]. Secondo Schreiter alla fine del secolo sono tre gli aspetti che assumono rilievo e che possono sintetizzare il cammino della riflessione missiologica attorno al paradigma della *missio Dei*.

Nel primo rileviamo che *Deus semper major:* la missione si compie non solo nel proclamare l'amore di Dio a tutto il genere umano, ma rendendosi conto che è l'azione di Dio che salva il mondo e non la nostra. Lo sfacelo del XX secolo, che era già evidente cinquanta anni fa, è ancora più vistoso all'inizio del nuovo millennio. Nel secondo notiamo che l'azione di Dio nel mondo è profondamente trinitaria e comunitaria. La *missio Patris* si rivela nella *missio Filii* e nella *missio Spiritus*. Come afferma la Redemptoris Missio, la prospettiva cattolica ribadisce chiaramente che Gesù Cristo è il centro della missione. Lo Spirito, unito, non separato da Gesù Cristo, sostiene la Chiesa nel compiere la missione di Dio. Nella *missio Dei* il ruolo della comunione nello svolgersi e nell'adempimento della missione, la pericoresi della Trinità che è la sorgente della *communio* nella Chiesa, è un elemento che è forse più chiaro oggi che quattro decenni fa.

In questa prospettiva si pone il terzo aspetto, cioè la risposta del missionario che è, prima di tutto, obbedienza alla *missio Dei*, la sequela di Dio. Quell'obbedienza è espressa nella spiritualità del missionario. Mentre l'eroismo poteva essere stato una delle caratteristiche salienti del missionario in un periodo precedente, ora il modello è più vicino alla *kenosis,* nel senso di fare il vuoto dentro di sé, proprio del *Logos* nell'inno che si legge nell'Epistola ai Filippesi[135]. Iniziative e impegni per progetti concreti continuano ad essere necessari, ma si collocano

---

[134] La critica a questa teoria della *missio Dei,* considera che essa si esprima in termini molto vaghi di «sovranità di Dio» o di «azione di Dio nel mondo», senza il rapporto con la Chiesa e non di rado anche senza il legame con l'opera redentrice di Cristo. Il concetto teocentrico della missione è interpretato con un esclusivismo che svuota il vero contenuto della missione cristiana. La missione non è degli uomini, nè della Chiesa, ma un predicato esclusivo di Dio. Il Dio della Bibbia è un Dio missionario perché è lui che attua la salvezza quando e come vuole secondo i suoi disegni imprescrutabili. « Quando teologizziamo sul concetto della *missio Dei*, la realtà della missione ecclesiale scompare o viene ridotta a una partecipazione esterna attraverso immagini e simboli, all'unica realtà salvifica che è la *missio Dei* operante nel mondo. Contemporaneamente, il concetto di regno di Dio passa in primo piano». J. LÓPEZ-GAY, «La misionología posconciliar», 20; Cf. ID., *Missiologia contemporanea*, 37-39.
[135] Cf. Fil 2,6-11.

sempre in questa obbedienza e *communio*. Viene sempre più in rilievo che il singolo individuo eroico deve essere sostituito da un senso di comunione che rispecchia l'attività trinitaria nel mondo[136].

3.3 Dalle «missioni» alla «missione» della Chiesa

In questa linea di ricerca e di approfondimento del cammino che la Chiesa e, di conseguenza, la missiologia ha fatto nella comprensione del fondamento trinitario della missione, si pongono alcuni contributi che analizzano il dinamismo missionario, elemento costitutivo della Chiesa, in rapporto alle mediazioni storiche (i modelli storici della missione) attraverso le quali questo dinamismo è stato variamente vissuto e pensato nello sviluppo storico del popolo di Dio. B. Forte intravvede nell'unica pienezza della *catholica* il comune denominatore della varietà di modelli che si sono succeduti nel tempo.

> Si può affermare che la missione non è altro che la cattolicità della Chiesa nel suo aspetto dinamico, la totalità varia e molteplice, che costituisce l'unità, nel suo attivo proporsi al mondo come luogo e strumento della *raccolta dell'Israele finale*, perché il Vangelo totale della salvezza raggiunga tutto l'uomo, e si faccia dovunque presente il popolo di Dio, come universale sacramento della redenzione dell'umanità[137].

La tesi sostenuta nel nostro secolo, in ambito cattolico, descrive il modello della missione *ad gentes* fondandolo principalmente nella predicazione del Vangelo, per chiamare alla fede i non cristiani e così offrire loro la salvezza eterna; il suo scopo prioritario consiste nella costituzione della struttura ecclesiale presso tutti i popoli (*plantatio ecclesiae*), in modo da offrire a tutti, in maniera efficace e accessibile nel proprio mondo culturale, il luogo e i mezzi per la salvezza. Lo stesso Vaticano II riconosce l'apporto decisivo della teologia della *plantatio ecclesiae*, quando affermerà che «il fine proprio dell'attività missionaria è l'evangelizzazione e l'impiantazione della Chiesa nei popoli e nei gruppi in cui ancora non ha messo radici»[138]. Il merito di questo modello della missione *ad gentes*, espresso nel documento conciliare sulla missione, è di esplicitare in tutta la sua ricchezza dinamica il valore dell'apostolicità della Chiesa convocata dalla fede degli Apostoli e in

---

[136] Cf. R. J. SCHREITER, *Redemptoris missio*, 39-40.
[137] B. FORTE, *La Chiesa della Trinità*, 318.
[138] AG 6.

essa conservata, grazie alla *koinonia* dello Spirito Santo nel tempo e nello spazio, espressa e servita dalla continuità del ministero apostolico mediante la successione episcopale. La comunità cristiana si riconosce inviata a testimoniare questa fede fino agli estremi confini della terra ed a suscitare dappertutto presenze della Chiesa, che rendano possibile il ricorso ai mezzi di grazia in essa offerti e l'esperienza salvifica della vita nuova, donata in Gesù Cristo[139].

La teologia della *plantatio ecclesiae* riconosce così il suo modello originario e normativo nella stessa opera missionaria degli Apostoli, che predicarono il Vangelo, fondando la Chiesa dovunque andavano e preoccupandosi di assicurarne la sopravvivenza in particolare con il ministero dell'*episcopè*. «Proprio per questo – rileva Forte – il modello vale fin tanto e fin dove ci sia la Chiesa da impiantare: e in questo senso, la concezione che sta alla base della *missio ad gentes* non esclude del tutto il rischio di ricadere nell'ideologia della *missione compiuta*»[140]. Il modello della missione *ad gentes* sembra corrispondere ad una coscienza della missione sentita come responsabilità ed un impegno, sì, enormemente importante, ma per natura sua provvisorio. Con ogni probabilità la *societas christiana* medioevale l'avrebbe praticato ben poco, perché non ne vedeva la necessità, data la raggiunta cristianizzazione di tutto il mondo conosciuto. Esso sarebbe riapparso agli orizzonti della coscienza ecclesiale con la scoperta del nuovo mondo. Si sarebbe ripresentato con urgente esigenza durante la grande espansione coloniale dell'Ottocento e l'esplorazione ormai compiuta dell'intero pianeta. Nel giro di qualche secolo... dovrebbe concludersi definitivamente. Dal punto di vista ecclesiologico ne deriva la possibilità di un'ecclesiologia priva del suo capitolo sulla missione: cosa puntualmente verificatasi in tutta la manualistica teologica[141].

Si determina così la necessità di integrare il modello della missione *ad gentes* con un modello che fondi l'urgenza missionaria come elemento costitutivo dell'essere ecclesiale nella sua pienezza, a prescindere dalle condizioni contingenti che accentuino l'uno o l'altro aspetto dell'azione apostolica: questo modello, secondo B. Forte, è quello della «cattolicità della missione»[142]. Esso infatti salda la nota del-

---

[139] Cf. B. FORTE, *La Chiesa della Trinità*, 324.
[140] B. FORTE, *La Chiesa della Trinità*, 324.
[141] Cf. S. DIANICH, *Chiesa in missione,* 121.
[142] Cf. B. FORTE, *La Chiesa della Trinità*, 325.

l'apostolicità, ispiratrice della missione *ad gentes*, a quella della pienezza cattolica del popolo di Dio, secondo una necessaria, mutua inabitazione delle proprietà essenziali della Chiesa: l'*Una Sancta* è anche inseparabilmente *Catholica et Apostolica*. Ciò significa che la «raccolta» escatologica, che il Signore Gesù viene a compiere, non solo raduna la comunione dei Santi nell'unità a immagine della comunione trinitaria, ma esige anche che questa convocazione raggiunga tutti i tempi e tutti i luoghi mediante la continuità della tradizione apostolica e della successione del ministero in essa, e mediante il farsi presente della pienezza totale del dono della riconciliazione in ogni tempo e in ogni luogo per la forza dello Spirito Santo.

La missionarietà della Chiesa, in questa prospettiva, è inscindibilmente collegata alle esigenze più profonde della sua cattolicità, così come viene espresso nel primo capitolo del documento conciliare *Ad Gentes*: «Inviata per mandato divino alle genti per essere "sacramento universale di salvezza", la Chiesa, rispondendo a un tempo alle esigenze più profonde della sua cattolicità ed all'ordine specifico del suo fondatore (cf. Mc 16,15), si sforza di portare l'annuncio del Vangelo a tutti gli uomini»[143].

La *missio de Trinitate*, che salda strettamente la missionarietà della Chiesa alle missioni delle Persone divine, è il fondamento teologico più preciso della cattolicità della missione: come nella vita trinitaria la comunione delle Persone e la loro unità essenziale sono totalmente implicate nella missione del Figlio e dello Spirito Santo, così analogamente nella Chiesa la comunione e l'unità della *Catholica* sono totalmente implicate nell'azione missionaria, tesa tanto all'impiantazione di nuove Chiese, quanto alla continua evangelizzazione della Chiesa evangelizzante, perché continuamente si rinnovi e cresca nella pienezza del dono divino, che la costituisce[144].

Come conseguenza la «cattolicità» non va separata dall'«apostolicità», come testimonia la grande tradizione della Chiesa indivisa, per la quale l'una non può sussistere senza l'altra: «la *plantatio ecclesiae* continuerà ad essere un'urgenza apostolica ineliminabile dell'attività missionaria; allo stesso modo, l'azione missionaria *ad intra* sarà sempre necessaria al popolo di Dio per rinnovarsi incessantemente

---

[143] AG 1.
[144] Cf. B. FORTE, *La Chiesa della Trinità*, 326.

nella fedeltà alla fede apostolica e nell'apertura allo Spirito, che lo conduce verso il compimento della sua cattolicità»[145]. Esplicitamente l'Enciclica *Redemptoris Missio* afferma che «il cosiddetto rientro o *reimpatrio* delle *missioni* nella *missione* della Chiesa, il confluire della missiologia nell'ecclesiologia e l'inserimento di entrambe nel disegno trinitario della salvezza, hanno dato un respiro nuovo alla stessa attività missionaria, concepita non già come un compito ai margini della Chiesa, ma inserito nel cuore della sua vita, quale impegno fondamentale di tutto il popolo di Dio»[146].

L'ecclesiologia e la missiologia del Vaticano II e la conseguente riflessione teologica, portano il sigillo della Trinità. La natura intima della Chiesa trova nel mistero trinitario le sue origini eterne, la sua forma esemplare e la sua finalità. «Il Vaticano II ha avuto grande cura di indicarci le molteplici relazioni di Dio Trinità con il popolo di Dio, con la gerarchia e il laicato. [...] Tutti gli aspetti del mistero ecclesiale devono essere scrutati alla luce di questo mistero dei misteri»[147].

È quanto ci proponiamo di fare tentando di scrutare il fondamento della Chiesa e della missione nel suo nucleo più intimo: la vita di comunione delle Persone divine. « È nella contemplazione del Padre, del Figlio e dello Spirito Santo, faccia a faccia, che si compirà la storia dell'universo»[148].

4. Conclusione

Questo compito che la Chiesa deve realizzare attraverso l'annuncio missionario del Vangelo ha il suo fondamento nel «cuore del Padre» che, attraverso l'Incarnazione redentrice del Verbo, per opera dello Spirito Santo, «cerca» l'uomo per renderlo partecipe della vita divina. È quanto scrive Giovanni Paolo II nella Lettera apostolica *Tertio millennio adveniente* (TMA) rivolta all'Episcopato, al clero e ai fedeli in preparazione al Giubileo dell'anno 2000. Il Papa identifica la pienezza del tempo con il mistero dell'Incarnazione del Verbo, Figlio consustanziale al Padre e con il mistero della redenzione del mondo. «Quando

---

[145] B. FORTE, *La Chiesa della Trinità*, 326.
[146] RMi 32.
[147] M. PHILIPON, «La Santissima Trinità e la Chiesa», 329.
[148] M. PHILIPON, «La Santissima Trinità e la Chiesa», 329.

venne la pienezza del tempo, Dio mandò il suo Figlio, nato da donna» (Gal 4,4).

San Paolo sottolinea in questo brano che il Figlio di Dio è nato da donna, nato sotto la legge, venuto nel mondo per riscattare quanti erano sotto la legge, affinché potessero ricevere l'adozione a figli. Ed aggiunge: «Che voi siete figli ne è prova il fatto che Dio ha mandato nei nostri cuori lo Spirito del suo Figlio che grida: Abbà, Padre!». La sua conclusione è davvero consolante: «Quindi non sei più schiavo, ma figlio; e se figlio, sei anche erede per volontà di Dio» (Gal 4,6-7)[149].

Questa presentazione paolina del mistero dell'incarnazione, continua Giovanni Paolo II, «*contiene la rivelazione del mistero trinitario e della continuazione della missione del Figlio nella missione dello Spirito Santo*. L'incarnazione del Figlio di Dio, il suo concepimento, la sua nascita sono il presupposto dell'invio dello Spirito Santo. Il testo di san Paolo *lascia così trasparire la pienezza del mistero dell'incarnazione redentrice*»[150].

Il mistero dell'incarnazione redentrice ci svela il mistero dell'amore trinitario in una particolare prospettiva missionaria: «*In Gesù Cristo* Dio non solo parla all'uomo, ma *lo cerca*. L'incarnazione del Figlio di Dio testimonia che Dio cerca l'uomo. [...] È una ricerca che *nasce nell'intimo di Dio* e ha il suo punto culminante nell'Incarnazione del Verbo. Se Dio va in cerca dell'uomo, creato ad immagine e somiglianza sua, lo fa perché lo ama eternamente nel Verbo e in Cristo lo vuole elevare alla dignità di Figlio adottivo. [...] Dio cerca l'uomo spinto dal suo cuore di Padre»[151]. In queste parole, cogliamo la profondità dell'amore di Dio Trinità che attraverso il Verbo incarnato «cerca l'uomo» per renderlo partecipe della sua stessa vita: «La religione che trae origine dal mistero della incarnazione redentiva è la religione del *rimanere nell'intimo di Dio*, del partecipare alla sua stessa vita»[152].

La prospettiva missionaria che emerge da questa visione trinitaria del mistero dell'Incarnazione redentrice, ha la sua origine nell'intima

---

[149] TMA 1.
[150] TMA 1.
[151] TMA 7.
[152] TMA 8.

vita di comunione che circola tra le Persone Divine, e che si esprime in un Dio che cerca l'uomo per farlo dimorare nel suo «intimo», partecipando alla sua stessa vita. In questo senso tentiamo di approfondire l'aspetto comunionale e trinitario come dono di Dio dato alla comunità, per la missione universale della Chiesa.

CAPITOLO II

La comunione trinitaria

1. Comunione trinitaria e comunione ecclesiale

Il Concilio Vaticano II, come abbiamo visto nel capitolo precedente, ha fondato la missione della Chiesa nella Santissima Trinità, non solo nelle missioni divine *ad extra* ma anche e soprattutto nella Trinità stessa come comunione delle persone divine, cioè la Trinità immanente. Esiste quindi un nesso ontologico tra la Chiesa nella sua natura missionaria, e la Trinità. Il Vaticano II ha riallacciato la concezione della Chiesa al mistero più fondamentale del Cristianesimo: la Chiesa del Vaticano II è la Chiesa della Trinità[1].

Il mistero della Chiesa, quindi non si spiega che alla luce della Trinità. Il Cristo nella sua preghiera al Padre ci fa contemplare il mistero della Chiesa nel più segreto movimento della *circumincessione trinitaria*, toccando «la più intima essenza del mistero ecclesiale, proiezione all'esterno delle relazioni che uniscono fra loro le tre Persone divine: *Padre, tu sei in me ed io in te, affinché anch'essi siano una cosa sola come noi siamo uno* (Gv 17,21)»[2]. Secondo Philipon «tocchiamo qui la più intima essenza del mistero ecclesiale, proiezione all'esterno delle relazioni che uniscono fra loro le Tre Persone divine»[3]. Il Vaticano II – continua Philipon – non si fermerà a definire il senso delle relazioni intra-trinitarie e ad esporre il mistero della Trinità in se stesso, in una

---

[1] Cf. M. PHILIPON, «La Santissima Trinità e la Chiesa», 337.
[2] M. PHILIPON, «La Santissima Trinità e la Chiesa», 329.
[3] M. PHILIPON, «La Santissima Trinità e la Chiesa», 329.

maniera astratta e didattica. «Il Vaticano II è un Concilio pastorale e missionario. Come il Vangelo, esso mira prima di tutto a manifestare in maniera concreta l'azione di Dio che compie la sua opera di salvezza tra gli uomini»[4].

1.1 La «partecipazione» alla comunione trinitaria

Nei diversi documenti del Concilio e in particolare nella LG e in AG emerge il concetto di «partecipazione» alla vita della Trinità come chiamata che il Padre attraverso il Figlio, nello Spirito Santo, rivolge ad ogni uomo. Partecipare alla vita trinitaria vuol dire partecipare alla sua stessa dinamica d'amore. Il Vaticano II ha voluto mostrare nella Chiesa il prolungamento delle processioni divine del Verbo e dello Spirito, quasi lo sviluppo storico del mistero trinitario. Le processioni divine ed eterne del Figlio e dello Spirito appaiono come le condizioni di possibilità, i modelli e le cause eterne della Chiesa, quale compimento dell'intera creazione, chiamata ad esservi eternamente integrata. Ricevendo la propria unità dall'unità del Padre, del Figlio e dello Spirito, la Chiesa è, per così dire, eternamente generata con il Figlio e spirata con lo Spirito che le sono inviati e che, in essa, procedono dal Padre. La Chiesa può diventare il sacramento di salvezza in quanto mistero che porta il mistero fondamentale, la Trinità redentrice[5].

La partecipazione alla comunione trinitaria a cui ogni credente è chiamato, si risolve in tal modo, come afferma il Concilio, in una più profonda comunione ecclesiale: «Con quanta più stretta comunione saranno uniti col Padre, col Verbo e con lo Spirito Santo, con tanta e più intima e felice azione (tutti i fedeli) potranno accrescere le mutue relazioni fraterne»[6]. Proprio perché rende possibile la *koinonia* ecclesiale, la *koinonia* trinitaria ne è anche il modello per la sua attuazione. «Il Signore Gesù – leggiamo nella GS – quando prega il Padre, perché "tutti siano uno, come anche noi siamo uno" (Gv 17, 21-22) mettendoci davanti orizzonti impervi alla ragione umana, ci ha suggerito una certa similitudine tra l'unione delle Persone divine e l'unione dei figli di Dio nella verità e nella carità»[7]. Partecipare alla vita trinitaria significa

---

[4] M. PHILIPON, «La Santissima Trinità e la Chiesa», 331.
[5] Cf. F. CIARDI, *Koinonia,* 220.
[6] UR 7.
[7] GS 24.

quindi prendere coscienza che è possibile, seppur nell'ambito della *similitudine*, conoscere la vita che Dio Padre, attraverso il Figlio e lo Spirito ci ha comunicato.

1.2 *La rivelazione della Trinità nella storia*

B. Forte iniziando il saggio sulla Trinità, parte da una domanda: «Il Dio dei cristiani è un Dio cristiano?»[8]. È una domanda che fa da sfondo alla riflessione che egli intitola «L'esilio della Trinità», proprio per indicare che la maggioranza dei cristiani oggi nella preghiera parlano di un Dio «indefinito», che non conoscono, sentendo «estranea, per non dire astrusa la maniera in cui la liturgia fa pregare il Padre per Cristo nello Spirito Santo: si prega Dio, ma non si sa pregare *in* Dio!»[9].

K. Rahner a questo proposito afferma che molti cristiani, nonostante la loro esatta professione della Trinità, siano quasi solo dei «monoteisti» nella pratica della loro vita religiosa e che se si dovesse sopprimere, come falsa, la dottrina della Trinità, pur dopo un tale intervento gran parte della letteratura religiosa potrebbe rimanere quasi inalterata. «Si può avere il sospetto che, per il catechismo della mente e del cuore (a differenza del catechismo stampato) la rappresentazione dell'incarnazione da parte del cristiano non dovrebbe punto mutare, qualora non vi fosse la Trinità»[10].

La conclusione dell'analisi di Forte postula che «non è esagerato affermare che siamo ancora davanti ad un esilio della Trinità dalla teoria e dalla prassi dei cristiani. È forse però proprio questo esilio che fa sperimentare la nostalgia e motiva la bellezza di un ritrovamento della "patria trinitaria" nella teologia e nella vita»[11]. Secondo Bruno Forte la fede cristiana non ha mai rinunciato al suo proprio annuncio, continuando a confessare, anche nelle forme più elaborate della teologia e del dogma «l'inaudita *umanità* di Dio, rivelataci in Gesù Cristo»[12]. Il superamento dell'esilio della Trinità nella concezione e nella prassi dei credenti, il «ritorno alla "patria trinitaria", passa dunque attraverso il ritorno alla storia di rivelazione: è questo il senso più profondo

---

[8] B. FORTE, *Trinità come storia*, 13.
[9] B. FORTE, *Trinità come storia*, 13.
[10] K. RAHNER, «Il Dio Trino», 404.
[11] B. FORTE, *Trinità come storia*, 14.
[12] B. FORTE, *Trinità come storia*, 14.

dell'assioma fondamentale formulato da K. Rahner: "la Trinità economica è la Trinità immanente"»[13].

1.3 Il «ritorno alla storia di rivelazione»

Il vero problema, secondo Forte, che sta alla base di tutte le teologie trinitarie contemporanee, è quello di riconiugare la Trinità e la storia, di ripensare storicamente la Trinità e trinitariamente la storia. «Questo progetto ermeneutico, che congiunge la Trinità e la storia, è il contenuto profondo del famoso assioma "rahneriano", che sta alla base del dibattito teologico trinitario contemporaneo, il *Grundaxiom* della teologia trinitaria: *la Trinità economica è la Trinità immanente*».[14] Se vogliamo conoscere Dio dobbiamo andare alla scuola della *oikonomia salutis*. È nella sua rivelazione storica che il *Deus in se* facendosi *Deus pro nobis* diventa a noi accessibile.[15] Il «ritorno alla storia di rivelazione» è il senso più profondo dell'assioma fondamentale formulato da Karl Rahner[16], il cui significato può essere riportato in particolare su due piani: quello della conoscenza e dell'esperienza di Dio.

Sul piano della *conoscenza di Dio* esso ci indica che non ci è dato altro luogo a partire dal quale sia possibile meno infedelmente parlare del mistero divino che la «storia di rivelazione, gli eventi e le parole intimamente connessi, attraverso i quali Dio ha narrato nella nostra storia la Sua (l'economia, come la chiamavano i Padri, la 'dispensazione' del dono dall'alto che ci salva)»[17]. La Trinità come è in sé (*immanente*) si dà a conoscere nella Trinità come è per noi (*economica*). Questa corrispondenza è fondata nel mistero stesso della fedeltà divina: la Trinità nella storia manifesta la Trinità nella gloria, perché Colui che è «fedele e non può rinnegare se stesso»[18], non può ingannarci nel rivelarsi a noi.

Secondo Barth «la realtà di Dio, che ci viene incontro nella rivelazione non va isolata [...] quasi che al di là del suo rivelarsi vi sia un'altra realtà divina, ma proprio quella realtà di Dio, che ci viene

---

[13] B. FORTE, *Trinità come storia*, 18.
[14] B. FORTE, «La Trinità», 112.
[15] Cf. B. FORTE, «La Trinità», 112.
[16] Cf. K. RAHNER, «Il Dio Trino», 401-503.
[17] B. FORTE, *Trinità come storia*, 18.
[18] 2Tim 2,13.

incontro nella rivelazione, è la sua realtà in tutta la profondità dell'eterno»[19].

Questa corrispondenza di economia ed immanenza nel mistero è palese nella figura di Gesù Cristo, il Figlio di Dio incarnato, il «sì» della suprema fedeltà divina[20]: egli non è una generica *persona Dei* in carne umana; egli è il Figlio, il Verbo di Dio, trasparente «immagine del Dio invisibile»[21]. «Il rapporto, che lo unisce a colui che lo ha inviato ed allo Spirito che egli riceve ed effonde, rivela dunque una relazione corrispondente nelle profondità della vita divina, così come il rapporto che egli stabilisce nello Spirito con noi ci dà accesso al mistero del Padre, alla sorgente e alla circolazione della vita trinitaria»[22].

Ogni ipotesi astratta circa la Trinità in sé e il suo possibile agire per noi cade di fronte alla concretezza dell'evento Cristo, di lui conosciuto come Risorto, della vita e delle opere sue testimoniateci dalla fede pasquale: la sua singolarità è la pietra di paragone della fondatezza di ogni dottrina su Dio![23]

L'assioma «la Trinità economica è la Trinità immanente», sul piano della *esperienza di Dio*, che biblicamente è la profondità e l'autenticità della conoscenza di lui, ci dice che «l'incontro con gli eventi della rivelazione, testimoniati nella vivente tradizione ecclesiale della fede sotto l'azione dello Spirito, è incontro col mistero stesso della divinità»[24]. Avere a che fare con la rivelazione della Trinità è avere a che fare con la storia eterna dell'amore divino, ed entrare in esso. Se il Dio in sé fosse altro dal Dio narrato nella storia di rivelazione, non ci sarebbe per noi via alcuna per accedere alle profondità della vita trinitaria. Se la Trinità immanente non corrispondesse nella sua rivelazione economica, nessuna salvezza nella storia sarebbe possibile: l'umano sarebbe irrevocabilmente condannato all'orizzonte dell'umano, e alla dolorosa esperienza della nostra finitudine nessuno spiraglio resterebbe aperto[25].

Nella corrispondenza tra economia ed immanenza del mistero, la Trinità si offre come realtà di salvezza ed esperienza di grazia: in tal

---

[19] K. BARTH, *Die Kirchliche Dogmatik*, I,1, 503.
[20] Cf. 2Cor 1,19s.
[21] Cf. Col 1,15.
[22] B. FORTE, *Trinità come storia*, 18.
[23] Cf. B. FORTE, *Trinità come storia*, 19.
[24] B. FORTE, *Trinità come storia*, 19.
[25] B. FORTE, *Trinità come storia*, 19.

senso la conoscenza teologica del mistero trinitario a partire dall'economia, anche se non è un'intelligenza immediatamente pratica, è capace di cambiare la prassi più a fondo di tutte le alternative possibili[26]. «Infatti la storia di Cristo con Dio e di Dio con Cristo diventa, mediante lo Spirito Santo, la storia di Dio con noi e in tal modo anche la nostra storia con Dio. La conoscenza avviene mediante il fatto che il conoscente viene coinvolto in questa storia che lo afferra e lo cambia»[27].

Tutta l'esistenza cristiana viene così investita dal mistero trinitario, non solo sul piano dell'esistenza personale, ma anche su quello della vita ecclesiale e sociale: non a caso l'esilio della Trinità dalla teoria e dalla prassi dei cristiani si è riflesso nel visibilismo e nel giuridismo spesso imperanti nella concezione della chiesa e ha avuto conseguenze sul piano socio-politico. Perciò il ritorno alla «patria trinitaria» si rivela promettente tanto per l'ecclesiologia, quanto per l'intera situazione storica del cristianesimo[28].

Il mistero della Trinità, Dio della salvezza rivelata agli uomini e destinata ad ogni uomo, si carica di una luce particolare nella prospettiva missionaria espressa dall'intensità delle parole di S. Giovanni: «Ciò che era fin da principio [...] quello che abbiamo veduto e udito noi lo annunciamo anche a voi perché anche voi siate in comunione con noi. La nostra comunione è col Padre e col Figlio suo Gesù Cristo»[29]. Desiderando approfondire ulteriormente il dinamismo trinitario nel suo rapporto con la storia nella quale la Chiesa, sacramento universale di salvezza, muove i suoi passi nel cammino dell'evangelizzazione delle genti tenteremo ora di comprendere, per quanto siamo capaci, alcuni aspetti del dinamismo della relazionalità fra le Persone divine, la *pericoresi*, per comprendere poi, alla luce della vita intima della Trinità, la rivelazione della vita trinitaria che, nella Storia della salvezza, avvolge e coinvolge ogni uomo.

---

[26] Cf. B. FORTE, *Trinità come storia*, 19.
[27] J. MOLTMANN, *Futuro della creazione*, 85.
[28] Cf. B. FORTE, *Trinità come storia*, 20-21.
[29] 1 Gv 1,1-4.

2. Il dinamismo relazionale intra-trinitario

M. Philipon ci ha introdotti nell'intimità della vita trinitaria, facendoci intravedere nella preghiera sacerdotale (Gv 17,21) e nel rapporto fra Gesù e il Padre, la «contemplazione» della Chiesa, da parte del Cristo, nel più segreto movimento della «circumincessione» trinitaria, rendendola partecipe delle relazioni del Padre e del Figlio[30]. La Chiesa, infatti, trova nella pericoresi trinitaria, ossia nella dinamica stessa dell'amore trinitario, la più alta analogia della propria vita di comunione e di relazione: «la comunione interiore di Dio, Padre-Figlio-Spirito Santo, rende possibile la comunione esteriore di Dio con gli esseri umani. La comunione interiore di Dio diviene una comunicazione attuale con gli esseri umani, da cui deriva la Chiesa; la Chiesa in se stessa come popolo di Dio; la Chiesa come sacramento di salvezza, con tutto il genere umano»[31].

Nella Trinità Santissima ogni Persona è quello che è per la sua essenziale, intrinseca e irrinunciabile comunione. Proprio ciò che distingue il Padre, il Figlio e lo Spirito Santo, nella pericoresi diventa ciò che eternamente li congiunge. L'amore eterno, che li pervade e li costituisce, li unisce in una corrente vitale così infinita e completa che fra loro emerge l'Unità. Il Padre e il Figlio, perdendosi l'uno nell'altro, si ritrovano uniti e distinti nello Spirito, Terzo fra loro, a loro unito e da loro distinto[32].

«La pericoresi trinitaria è la dimensione più radicale dell'ontologia teologica. Essa è la vita di Dio, il suo mistero costitutivo, che egli liberamente effonde e vive in noi e con noi. È processo di amore "assoluto" e insieme "aperto": perché "trinitario", cioè compiuto e aperto nello Spirito»[33]. È nello Spirito e per lo Spirito, infatti, che il Padre e il Figlio sono uniti e sono distinti co-originariamente e sono, nello stesso tempo, «aperti» alla molteplicità delle persone create. La comunione tra il Padre e il Figlio nello Spirito è «estasi» sempre aperta, cioè oblativa ed accogliente[34]. «La gioia perfetta tra Due vuole la presenza di un Terzo, che supera ogni preoccupazione di sé e permette agli altri due di supe-

---

[30] Cf. M. Philipon, «La Santissima Trinità e la Chiesa», 329.
[31] J. Navone, *L'io reale nella comunione*, 534-547.
[32] B. Forte, *La Trinità come storia*, 143.
[33] C. Nigro, «Prefazione», 13.
[34] Cf. C. Nigro, «Prefazione», 11.

rare non solamente la separazione solitaria, ma la dualità chiusa»[35]. L'esistenza umana è come il libero «sbocciare», nella storia, di questa «estasi» intra-trinitaria, che gli uomini sono chiamati a «dilatare» – nella sua espressione storica – partecipando in Cristo all'effusione dello Spirito reciprocamente accolto, donato e condiviso: vivendo l'amore non in modo «duale» ma «trinitario», non esclusivo, ma sempre aperto ad una crescente molteplicità[36]. Secondo De Margerie, Cristo ci invita a credere alle relazioni di reciproca in-esistenza o inabitazione, tra il Padre e lui, perché possiamo giungere, più tardi, a conoscerle nella visione, o, almeno nella loro anticipazione mistica, cioè attraverso l'esercizio della mutua in-esistenza (inabitazione) della carità unitiva fra i cristiani, come pure fra questi, da una parte, e il Padre e il Figlio, dall'altra[37]. «L'esercizio della imperfetta mutua in-esistenza (inabitazione) creata e della intersoggettività dell'amore costituisce dunque, per il Nuovo Testamento, la condizione del pieno svelamento, nella visione, della perfetta mutua in-esistenza (inabitazione) e intersoggettività increata del Padre e del Figlio nello Spirito»[38].

La «pericoresi» delle Persone, come si vive nella Trinità – reciproca donazione e accoglienza l'una all'altra e l'una nell'altra – rimane l'archetipo della comunione ecclesiale. In quest'ottica, la Chiesa appare realmente come «un sacramento o segno e strumento dell'intima unione con Dio e dell'unità di tutto il genere umano»[39]. Nata dalla Trinità e partecipante alla sua vita agapica, la Chiesa è in cammino verso di essa. Contemplare «chiaramente il Dio uno e trino qual'è» rappresenta il fine a cui tende la Chiesa, peregrina verso la Trinità[40].

H. De Lubac esprime mirabilmente il carattere trinitario della Chiesa di Cristo quando afferma che

> Dio non ci ha creati «perché dimorassimo nei confini della natura», né perché vivessimo una vicenda solitaria; ci ha creati per essere introdotti insieme in seno alla sua vita trinitaria. Gesù Cristo si è offerto in sacrificio perché noi non formassimo più che una cosa sola in questa unità delle Persone divine. Questa deve essere la «ricapitolazione», la «rigenerazione» e la

---

[35] D. STANILOAE, *La preghiera di Gesù,* 74.
[36] C. NIGRO, «Prefazione», 13.
[37] Cf. Gv 14,11.20; 17,21.
[38] B. de MARGERIE, *La Trinité chrétienne,* 246.
[39] LG 1.
[40] Cf. LG 49.

«consumazione» di tutto; e tutto ciò che ci allontana da questa meta finale è un richiamo ingannatore. [...] Ora c'è un luogo, in cui, fin da questa terra, incomincia questa riunione di tutti nella Trinità. C'è una «Famiglia di Dio», misteriosa estensione della Trinità nel tempo, che non soltanto ci prepara a questa vita unitiva e ce ne da la sicura garanzia, ma ce ne fa già partecipi. Unica società pienamente «aperta», essa è la sola che sia all'altezza della nostra intima aspirazione e nella quale noi possiamo attingere finalmente tutte le nostre dimensioni. *De unitate Patris et Filii et Spiritus Sancti plebs adunata*: tale è la Chiesa. Essa è piena della Trinità[41].

2.1 La «pericoresi» trinitaria

Con l'espressione greca *pericoresi*, tradotta dal latino medioevale con *circumincessio* o *circuminsessio*, si vuole riassumere l'essenziale dell'unità trinitaria, come pure dell'unità delle nature in Gesù-uomo-Dio, esprimendo l'intima e perfetta inabitazione di una Persona nell'Altra[42]. L'origine, in campo trinitario, del termine pericoresi è oscura. Sembra sia stato lo Pseudo Cirillo (sec. IV) che per primo ha dato al termine un senso trinitario che indica il reciproco rapporto di una Persona nell'Altra. S.Giovanni Damasceno (sec. VIII) lo assume e lo trasforma in strumento teorico per designare il circuito della vita eterna divina, insistendo sulla dimora e residenza delle ipostasi l'Una nell'Altra, riaffermando così da un punto di vista più personalistico la dottrina fondamentale del monoteismo cristiano. Egli conia il termine *perichóresis*, che utilizza in cristologia e in teologia trinitaria, per esprimere sia l'unione senza confusione della natura divina e di quella umana in Cristo, sia il rapporto di mutua in-esistenza delle tre divine Persone[43]. Per quest'ultima si rifà ai testi giovannei in cui Gesù afferma questa misteriosa realtà: «Io e il Padre siamo uno»[44]; «Il Padre è in me e io sono nel Padre»[45].

Riprendendo alcuni spunti già di Ireneo di Lione e di Gregorio di Nazianzo sottolinea con grande chiarezza:

Il rimanere e il risiedere l'una nell'altra delle tre persone significa: esse sono inseparabili e non vanno staccate e hanno tra loro una compenetrazione

---

[41] H. de LUBAC, *Meditazioni sulla Chiesa*, 292-293.
[42] Cf. S. del CURA ELENA, «Perikhóresis», 1086-1094.
[43] Cf. P. CODA, *Dio Uno e Trino,* 185.
[44] Gv 10,30.
[45] Gv 10,38; cf. 14,9.11; 17,21.

senza mescolanza, non in modo che esse si fondano o si mescolino ma in modo che esse si congiungano. Il Figlio è cioè nel Padre e nello Spirito e lo Spirito nel Padre e nel Figlio e il Padre nel Figlio e nello Spirito senza che abbia luogo una fusione o una mescolanza o una confusione. Uno e identico è il movimento, poiché lo slancio e il movimento delle tre persone è unico, ciò che non si può notare nella natura creata[46].

Antecedentemente all'uso di questo termine, il concetto della mutua in-esistenza delle Persone divine era già presente nella Patristica latina. Ilario di Poitiers dedica a questa dottrina il terzo dei suoi dodici libri sulla *Trinità*, affermando, tra l'altro, che «ciò che è nel Padre è anche nel Figlio [...]; l'uno [deriva] dall'altro e ambedue sono una cosa sola [...]. Essi sono reciprocamente in sé (*in se invecem*)»[47]. Agostino la riprende nel suo *De Trinitate*: «Nella suprema Trinità una cosa sola è tanto grande quanto tre cose insieme, e due cose non sono maggiori di una sola. Inoltre sono in se stesse infinite. Così ciascuna di esse è in ciascuna delle altre, tutte sono in ciascuna, ciascuna in tutte, tutte in tutte e tutte sono una cosa sola»[48].

La tradizione cristiana, nel combattere l'arianesimo, il triteismo e il modalismo, afferma la consustanzialità delle Tre Persone divine. Per spiegare questa unità di natura il Concilio di Firenze (1441) deduce a ragione che «Il Padre è tutto nel Figlio, tutto nello Spirito Santo, il Figlio è tutto nel Padre, tutto nello Spirito Santo, lo Spirito Santo tutto nel Padre e tutto nel Figlio. Nessuno precede l'altro in eternità, né lo eccede in grandezza, né lo supera in potestà»[49]. Già il Concilio di Toledo (675) aveva precisato: «Non si deve pensare che le Tre Persone divine siano separabili, poiché non si deve credere che sia esistita o abbia agito Una prima dell'Altra, in quanto esse sono inseparabili sia in ciò che sono, sia in ciò che fanno»[50]. S. Bonaventura traduce la *pericoresi* del Damasceno con *circumincessio*; S. Tommaso preferisce usare *circuminsessio*. Questo duplice uso del termine deriva dal duplice significato di *pericoresi*. Una prima accezione di *pericoresi* è: uno contiene l'altro; inabitare, dimorare l'uno nell'altro, essere uno nell'altro. Si tratta di una situazione di fatto, statica. I latini tradussero questo

---

[46] GIOVANNI DAMASCENO, *De fide Orthodoxa*, I, 14; PG 94, 860.
[47] ILARIO DI POITIERS, *De Trinitate*, III, 4; CCL 62, 75ss.
[48] AGOSTINO, *De Trinitate*, VI, 10; CCL 50, 241ss.
[49] DS 1331.
[50] DS 531.

modo di intendere con *circuminsessio* che deriva da *sedere-sessio*, che significa aver sede. Applicato alla comunione trinitaria il termine indica: una Persona sta dentro l'Altra, avvolge l'Altra da tutti i lati (*circum*), occupa lo stesso spazio dell'Altra riempendola con la sua presenza. Il secondo significato è attivo e vuol dire: interpenetrazione e intrecciamento di una Persona nell'Altra e con l'Altra. Questa comprensione vuole esprimere il processo di relazione viva ed eterna che le Persone divine possiedono intrinsecamente, facendo sì che ciascuna compenetri sempre l'Altra. Questo senso fu tradotto in latino con *circumincessio* derivato da *incedere* che significa permeare, compenetrare e interpenetrare[51].

Nella diversa traduzione si esprime ancora una volta la diversità tra l'impostazione greca e l'impostazione latina, ma anche tra due differenti correnti presenti nella stessa dottrina trinitaria latina. I greci partono dall'ipostasi e intendono la *pericoresi* come compenetrazione attiva, come il vincolo che unisce le Persone. I teologi latini, invece, partono in genere dall'unità della sostanza. Qui la *pericoresi* non è più il moto, ma piuttosto la quiete in Dio. Tommaso cerca una sintesi e fonda la *pericoresi* sia sull'unica unità sostanziale, come pure sulle relazioni e rapporti originali. Egli sottolinea che c'è una doppia unità tra Padre e Figlio, di essenza e di amore, e in forza di questo il Padre è nel Figlio e il Figlio nel Padre. Questa unità di amore personale è l'unità che origina lo Spirito. Con questo espediente Tommaso recupera, senza nominarla, la *circumincessio* come interpenetrazione o intersoggettività interna al divino[52]. *Circuminsessio* è inseparabilmente *circumincessio*; mai un «in», senza un «ad», nelle reciproche relazioni fra le Persone divine[53].

Il concetto di *pericoresi* indica l'inabitazione, l'interpenetrazione, l'intreccio dinamico, la relazione tra le Tre Persone divine. «Esso ha un

---

[51] Cf. P. CODA, *Dio Uno e Trino*, 186-188.

[52] Cf. P. CODA, *Dio Uno e Trino*, 187; 197-201. Cf. anche A. DENESSE, «Perichóresis, circumincessio, circuminsessio», 497-532.

[53] «La dottrina della pericoresi è di estrema importanza dal punto di vista sia pastorale che speculativo. Sul piano pastorale perché esclude qualsiasi possibilità di triteismo e di modalismo, dato che le tre persone sono – per riprendere un termine cristologico – "inconfuse e indivise"; sul piano speculativo dall'unità pericoretica, esistente nella Trinità, deriva poi un modello di unità che improntà i rapporti fra Gesù Cristo e gli uomini (Gv 14,20); 17,23), fra gli uomini e tra loro (Gv 17,21), fra Dio e gli uomini». W. KASPER, *Il Dio di Gesù Cristo*, 379.

fondamento biblico in Gv 10,30: "Io e il Padre siamo una cosa sola" (cf. 14,9 ss.; 17,21)»[54]. Con tale concetto si comprende cioè il circuito della vita eterna divina. «Nel Dio Uno e Trino si svolge un processo vitale eterno mediante lo scambio delle energie. Il Padre esiste nel Figlio, il Figlio nel Padre ed entrambi nello Spirito, come lo Spirito esiste nell'uno e nell'altro. Essi vivono gli uni negli altri ed abitano così insieme in virtù dell'amore eterno che li fa essere una cosa sola»[55]. È un processo di perfetta empatia. Proprio attraverso le loro qualità personali, che li distinguono dagli altri, il Padre, il Figlio e lo Spirito abitano uno negli altri e si comunicano la vita eterna. «Nella *pericoresi* proprio ciò che li distingue diventa ciò che eternamente li congiunge. Il "circuito" della vita eterna divina diventa perfetto con la comunione e l'unità delle tre diverse persone nell'amore eterno»[56]. Le Persone stesse in questo relazionarsi pericoretico costituiscono le loro differenze come la loro propria unità[57].

W. Kasper fa notare che «potremo anche formulare l'assioma che nell'unità, come risulta motivata in Gesù Cristo, l'unità e l'autonomia crescono non in senso inverso ma diretto. Più cresce l'unità e più cresce l'autonomia, come, viceversa, soltanto attraverso e nell'unità dell'amore è possibile realizzare una vera autonomia»[58]. Ciascuna Persona è per le altre Persona, mai solamente per sé, è con le altre Persone e nelle altre Persone. Le Persone non solo stabiliscono delle relazioni tra loro, ma si costituiscono come Persone esattamente attraverso il reciproco dono della vita e dell'amore. L'amore eterno che le pervade e le costituisce, le unisce in una corrente vitale così infinita e completa che fra loro emerge l'unità. L'unità trinitaria, come abbiamo visto, è

---

[54] W. KASPER, *Il Dio di Gesù Cristo,* 377.
[55] J. MOLTMANN, *Trinità e Regno di Dio,* 188.
[56] J. MOLTMANN, *Trinità e Regno di Dio,* 188.
[57] Cf. J. MOLTMANN, *Trinità e Regno di Dio,* 189.
[58] Kasper fa anche notare che «l'unità con Dio, fondata su Gesù Cristo, non assorbe l'uomo, non lo sopprime, ma significa distinzione permanente e motiva così pure la vera autonomia e libertà. Nel cristianesimo, la mistica dell'unità fra Dio e gli uomini e tra gli uomini e Cristo è una mistica dell'incontro, dell'amicizia e della comunione con Dio, quella che si realizza in e nell'incontro, nella comunione umana, e che poi si irradia e sviluppa nell'amicizia e comunione umana. Anche qui, dunque, si vede come il mistero trinitario rappresenti il fondamento ultimo e il senso più profondo del mistero della persona umana e della sua realizzazione piena». W. KASPER, *Il Dio di Gesù Cristo,* 379.

sempre l'unione delle Persone, la quale non è ad esse posteriore, ma simultanea, perché esse sono sempre le une con le altre e nelle altre. Questa unità non significa la negazione delle differenze, né la loro riduzione all'uno, ma esprime la comunione e l'interpenetrazione di tutte le differenze tra loro. Il Padre è Padre, non diviene Figlio, né Spirito, così ogni Persona divina conserva la sua impermutabilità, e pur nel mistero abissale delle loro differenze esse sono unità. La differenza non significa opposizione, né la irriducibilità vuol dire separazione pura e semplice. È la diversità a permettere la comunione, la reciprocità o la mutua rivelazione, così che i Tre diversi irriducibili si trovano sempre e eternamente in comunione. L'una è condizione perché l'altra si riveli, sempre in eterno amore e nella reciproca comunione. Ciò implica accettare che le tre Persone divine sono originariamente simultanee e coesistono eternamente in comunione e interpenetrazione. Dio, nella continua estasi d'amore che è la pericoresi intratrinitaria, è incessantemente e perpetuamente uno e trino; è dinamica relazionale d'amore; è essere-per-con-nell'altro; è inabitazione, interpenetrazione, intreccio dinamico, abbraccio d'amore[59]. J. Daniélou spiega ulteriormente questa dinamica relazionale trinitaria:

> Il Padre si comunica totalmente al Figlio, gli dona cioè la totalità di ciò che ha ed esaurisce nel Figlio la possibilità di amare: si compiace nel Figlio di una compiacenza infinita, perché il Figlio è immagine perfetta della sua perfezione. È insieme misterioso ed ammirabile come questa totale pienezza di Dio, senza dividersi, sia posseduta insieme dalle tre persone divine. È tutto il mistero dell'unità e della trinità di Dio. [...] Nel Figlio il Padre dà tutto ciò che può dare, esaurisce le sue possibilità d'amore. E questa sovrabbondanza d'amore si esprime nella vita dello Spirito, pienezza della Trinità, *pléroma*; in questa comunicazione che è la vita dello Spirito, che unisce il Padre e il Figlio, si compie in qualche modo e si raccoglie completamente in se stessa la vita trinitaria[60].

Abbiamo così nella pericoresi una coesistenza in comunione. L'intima vita della Trinità Santissima è essenzialmente comunione. La relazione infinita tra Padre e Figlio si fa unità nello Spirito Santo[61].

---

[59] Cf. Gv 10,30.
[60] J. Daniélou, *La Trinità*, 42.
[61] «Nella sua vita intima Dio "è amore", amore essenziale, comune alle Tre divine Persone: amore personale è lo Spirito Santo come Spirito del Padre e del Figlio. Per questo egli "scruta le profondità di Dio", come amore - dono increato. Si può dire che

L'unità trinitaria è dunque pericoretica e di comunione e questa eterna pericoresi di amore e di vita tra Padre, Figlio e Spirito Santo costituisce la matrice originaria di ogni amore, di ogni vita e di ogni comunione nella creazione fatta a immagine della Trinità.

2.2 *La pericoresi trinitaria e la questione del* Filioque

Una pista significativa di verifica di una nuova capacità di lettura dei rapporti intratrinitari, sulla base dei loro riflessi nella storia, è considerata la questione del *Filioque*[62].

---

nello Spirito Santo la vita intima del Dio uno e trino si fa tutta dono, scambio di reciproco amore tra le divine persone, e che per lo Spirito Santo Dio "esiste" a modo di dono. È lo Spirito Santo l'espressione personale di un tale donarsi, di questo essere-amore. È Persona - amore. È Persona - dono. Abbiamo qui una ricchezza insondabile della realtà e un approfondimento ineffabile del concetto di persona in Dio, che solo la rivelazione ci fa conoscere». DeV, 10.

[62] Il dogma niceno-costantinopolitano, non affrontando direttamente il mistero della processione dello Spirito, ha favorito l'affermarsi di due diversi «teologumeni», l'orientale (il *per Filium* = lo Spirito Santo procede dal Padre per il Figlio) e l'occidentale (il *Filioque* = lo Spirito procede dal Padre e dal Figlio). La comune fede nella monarchia del Padre, tanto per l'Oriente come per l'Occidente, ha reso possibile per secoli la comunione nella diversità tra le due Chiese. Quando successivamente si vorrà approfondire il mistero della processione dello Spirito, soprattutto a partire dal secolo IX, tale approfondimento resterà impigliato nella polemica unilaterale tra l'impostazione greca e quella latina, fino a provocare lo scisma tra le due Chiese nel 1054, quando il legato papale Umberto depose sull'altare di Santa Sofia in Bisanzio il suo documento che accusava i greci di aver soppresso il *Filioque* dal Credo. Vi fu poi un tentativo di conciliazione tra le due concezioni col Concilio di Firenze nel 1439 (cf. DS, 1300-1302). Il senso storico della controversia sul *Filioque* non va tanto cercato in una lacerazione dogmatica, quanto in un diverso modo di vivere e pensare, due diverse esperienze del Dio vivo, di dialogare e di comprendersi in una recezione reciproca e feconda. Il *Filioque* avalla un certo predominio della Cristologia del Verbo a scapito dello Spirito, conduce cioè a una certa subordinazione della Pneumatologia alla Cristologia. L'Occidente che ha espresso il *Filioque* è stato caratterizzato nel suo sviluppo teologico da un certo cristomonismo con notevoli ripercussioni in ecclesiologia (accentuazione gerarcologica, istituzionale, rispetto a quella carismatica), in sacramentaria (con gli eccessi della dottrina del *«ex opere operato»*), in morale (con un certo oggettivismo normativo) a scapito della profondità invisibile, dell'esperienza di grazia, dello sviluppo dei carismi e della collegialità, aspetti più emergenti nella chiesa e teologia orientale. I termini della differenza sono riscontrabili nel modo diverso di intendere il rapporto fra Trinità economica e Trinità immanente. Il vero problema si situa pertanto al livello d'approccio del rapporto tra Trinità economica e Trinità immanente, cioè una nuova articolazione trinitaria. «Nella fede

Il confronto oggi delle due tradizioni, orientale e occidentale, soprattutto per quanto riguarda il tema del *Filioque*, va mostrando che le due posizioni non sono inconciliabili, anzi che possono rivelarsi fonte di reciproco arricchimento, perché contemplano da diverse angolature lo stesso mistero. Alla domanda che sta alla base di tale questione, di come cioè si presenta nelle profondità di Dio la storia dello Spirito e quali proprietà è possibile riconoscergli nell'immanenza della vita Trinitaria a partire dall'economia della rivelazione, possiamo rispondere che lo Spirito Santo è allo stesso tempo «l'essenza intima» (tradizione latina) e «l'estremo» di Dio che si supera sovrabbondantemente (tradizione greca)[63]: un amore, quindi, che si consuma nella più piena unità (essenza intima), ma che proprio per questo vuole comunicarsi a ciò che è aldilà di sé (esterno).

Proprio qui, secondo Coda, sta il paradosso dello Spirito che la teologia contemporanea è invitata ad approfondire: «Egli è la più perfetta comunione di Dio Trinità (l'unità del Padre e del Figlio nello Spirito), al tempo stesso anche la più perfetta apertura all'Altro (l'estasi del Padre e del Figlio in Lui), estasi che è anche il presupposto del loro aprirsi verso la creazione e verso la storia»[64]. Il luogo in cui è rivelata la reciprocità e complementarietà fra il Figlio e lo Spirito è la Pasqua, e questo evidenzia il carattere dialettico delle due tesi che affermano il rapporto di identità (linea occidentale) nell'infinita alterità (linea orientale). Tutto ciò ha una grandissima importanza per il Mistero Trinitario. Se il Cristo Crocifisso è per noi la «chiave» dell'unità trinitaria, lo Spirito Santo è la dimensione nuova nella quale questa chiave ci introduce: la vita stessa della Trinità come unità nella distinzione, cioè come Amore, per cui il Padre e il Figlio perdendosi l'Uno nell'Altro si ritro-

---

l'Oriente e l'Occidente concordano» Y. CONGAR, *Credo nello Spirito Santo*, III, 8. Si può dire, perciò, che il *Filioque* è l'espressione latina della stessa e unica fede che i greci hanno diversamente espressa parlando della processione dello Spirito Santo dal Padre, fonte assoluta, per mezzo del Figlio. Non si tratta pertanto di ammettere un inammissibile pluralismo dogmatico, ma di accettare un pluralismo teologico che in fondo è il più rispettoso di fronte all'incatturabilità del Mistero. Cf. B. FORTE, *Trinità come storia*, 116-132. Per un ulteriore approfondimento sul tema si veda anche S. BULGAKOV, *Il paraclito*; P. EVDOKIMOV, *Lo Spirito Santo*; V. LOSSKY, *La teologia mistica*; L. VISCHER, ed., *La Théologie du Saint-Esprit*; ATI, «Tesi sul *Filioque*»; P. CODA, «Lo Spirito Santo» 23-46; J. MEYENDORFF, *La Teologia Bizantina*.

[63] Cf. W. KASPER, *Il Dio di Gesù Cristo*, 75.
[64] P. CODA, «Dio nella riflessione teologica», 248.

vano uniti e distinti nello Spirito, terzo fra loro, e a loro unito e a loro distinto. «È lo Spirito che sigilla l'unità mentre dichiara la distinzione»[65]. Una lettura imperniata sulla reciprocità e complementarietà di cristologia e pneumatologia evidenzia la tradizione come storia dello Spirito (senza lo Spirito la storia non entra nella Trinità), nella storia della fede e della prassi ecclesiale (elemento cristologico-incarnazionistico).

> Nella consapevolezza di essere sempre sulla soglia del Mistero si dirà allora che, rispetto alla distinzione tra il Padre e il Figlio, eterno Amante ed eterno Amato, lo Spirito riceve dal Padre principalmente e dal Figlio, in quanto al Figlio è stato dato dal Padre, di essere il vincolo personale della loro unità, essenzialmente uno egli stesso con loro; rispetto all'unità del Padre e del Figlio lo Spirito rappresenta il terzo nell'Amore, Colui che il Padre ama per il Figlio, al di là e per mezzo dell'Amato, e perciò è in persona il dono dell'amore, l'estasi dell'Amante e dell'Amato, la loro apertura, il termine della loro oblatività pura, altro rispetto ai due[66].

Ci sembra importante questa analisi di Bruno Forte che vede nello Spirito, in quanto vincolo personale di unità fra il Padre e il Figlio e dono dell'amore, la fusione delle due tesi sul *Filioque*. Come vincolo personale di unità fra il Padre e il Figlio, lo Spirito è l'amore donato dall'Amante e accolto dall'Amato, altro dal Padre perché ricevuto dal Figlio, altro dal Figlio perché donato dal Padre, uno con loro perché amore donato e ricevuto nell'unità del processo dell'Amore eterno. In tal senso lo Spirito procede dal Padre principio e sorgente dell'amore divino e, in quanto il Padre comunica all'Amato l'amore e questi nell'amore ricevuto è uno col Padre, procede dal Figlio.

In quanto dono dell'amore, in persona, nel movimento di infinita oblatività dell'amore divino, lo Spirito procede dal Padre, sorgente della divinità, attraverso il Figlio, per mezzo e al di là di Lui, secondo l'ordine attestato dall'economia della salvezza: Dio Padre effonde il suo Spirito sul Figlio, che a sua volta lo consegna al Padre nell'ora della Croce, e ricevutolo in pienezza nell'ora nuova di Pasqua dal Padre, lo dona in abbondanza ad ogni carne. L'idea dello Spirito dono, estasi di Dio verso l'altro, è resa dai Padri greci mediante la formula «Dal Padre, per mezzo del Figlio, nello Spirito»[67]. «È l'enunciazione –

---

[65] G.M. ZANCHÌ, «Per una cultura dell'unità», 22-23.
[66] B. FORTE, *Trinità come storia*, 132.
[67] B. FORTE, *Trinità come storia*, 132-136.

dice Y. Congar – di un dinamismo nel quale lo Spirito è ciò in cui termina il processo [...] Si tratta di un ordine economico, che traduce però quello della Trinità immanente. Secondo quest'ordine, lo Spirito è colui per mezzo del quale è portata a compimento la comunicazione di Dio»[68]. Oggetto della contemplazione d'Oriente è dunque questo dinamismo dell'apertura immanente dell'amore divino, per cui dal Padre mediante il Figlio, l'amore trabocca nello Spirito, e che si riflette nel dinamismo della creazione e della salvezza in cui tutto è donato dal Padre per il Verbo nello Spirito.

Questa impostazione non si contrappone, ma si integra con quella d'Occidente, in una saldatura più forte di economia e di immanenza nell'esperienza adorante e riflessa del Mistero. Stimolante è anche la tesi che con arditezza e originalità speculativa S. Bulgakov propone[69]. Occorre scavalcare – egli dice – la duplice prospettiva, orientale e occidentale, passando alla problematica dell'origine delle ipostasi a partire dall'unica natura (origine interpretata in termini di causalità o produzione, e viziata dall'impersonalismo e dal pericolo sempre latente del subordinazionismo), alla considerazione delle correlazioni concrete tra le ipostasi equieterne, in base al principio fondamentale della trinitarietà, secondo il quale tutte le relazioni ipostatiche sono triplici[70], cioè distinte, personali e trinitarie: «Dio che glorifichiamo nella Santissima Trinità, è uno, unico Io divino, Soggetto Assoluto, la Santissima Trinità alla quale perciò ci riferiamo e ci rivolgiamo come ad una persona. Ma questa persona è anche tre persone che esistono per noi come tali, distinte [...] senza mai separarsi l'una dall'altra, né trasformarsi in *tre*»[71].

«Il legame della Santissima Trinità è un legame d'amore; e dell'amore tri-ipostatico, dei *tre aspetti* dell'amore, che sono τρόποι τῆς ὑπάρξεως, i modi essenziali delle tre ipostasi. Vi è tuttavia un carattere generale che è proprio dell'amore *come tale* e quindi ha tutti gli aspetti dell'amore: il sacrificio, nella rinuncia di sé, poiché l'assioma del-

---

[68] Y. CONGAR, *Credo nello Spirito Santo,* 154-155.

[69] «Senza voler sottovalutare gli apporti di altri grandi teologi ortodossi del nostro secolo, come, ad esempio, V. Lossky, P. Evdokimov e D. Staniloae, certamente l'opera di maggior originalità – tanto da essere avversata perché troppo innovativa nel senso stesso dell'ortodossia – è quella di Sergej Bulgakov (1871-1944), che è stata definita il "monumento più importante della teologia ortodossa dopo la caduta di Bisanzio" (C. Andronikov)». P. CODA, *Dio Uno e Trino,* 244-245.

[70] Cf. S. BULGAKOV, *Il Paraclito,* 228.

[71] S. BULGAKOV, *Il Paraclito,* 108.

l'amore *personale* è: *non vi è amore senza sacrificio*»[72]. La paradossalità della «*kenosi*» come rivelativa-costitutiva dell'essere divino che è Amore, giunge all'apice, nell'azione dello Spirito Santo: la sua *kenosi* è «il sacrificio d'amore offerto dall'amore ipostatico stesso [...]. Questo "trattenersi" nell'amore si compie in nome dell'amore [.] l'amore preferisce attenersi ad una rivelazione incompleta di sé, per non infrangere con la sua forza incoercibile la forma dell'essere creato, annientando il suo ritmo interiore e la sua libertà»[73].

Il movimento ipostatico dell'amore cosi come è presentato da Bulgakov, presenta il Padre che fa proferire se stesso dal Figlio; il Figlio lascia parlare in sé il Padre, per cui vi è un mutuo amore sacrificale tra il Padre e il Figlio, nel quale entrambi tacciono, e nel quale, in particolare, il Figlio, che è la Parola del Padre, si annienta «kenoticamente», non è proferito e non proferisce se stesso. E lo Spirito è allora l'amore trionfante della rivelazione sacrificale compiuta, per cui, nell'autorivelazione dello Spirito, il Verbo risuona ed è proferito: «Il Padre lo riconosce, quasi suscitato dal sacrificio del silenzio, come nato e generato, ed il Figlio riconosce se stesso come Verbo del Padre. Lo Spirito Santo è la vita, che trionfa sulla vittima kenotica, risurrezione dopo l'annientamento kenotico, trionfo dell'amore vivificatore»[74].

Con la Resurrezione cessa la *kenosi* personale del Figlio, ed insieme ad essa la *kenosi* d'azione dello Spirito, che ormai è data al Figlio senza misura, per cui si stabilisce, anche a livello della Trinità economica, una relazione non più kenotica tra il Figlio e lo Spirito[75]. Ma è proprio qui che inizia la *kenosi* dello Spirito nell'opera di divinizzazione dell'umanità. Dio si è umanizzato (Incarnazione-Croce), perché l'uomo sia divinizzato (Resurrezione-Pentecoste): quest'ultima è l'opera propria dello Spirito Santo, colui cioè che realizza la comunione personale fra Dio e l'uomo[76]. Il principio della *kenosi* è la chiave di volta della teologia di Bulgakov, perché è l'elemento interiore, rivelativo e costitutivo della dinamica concreta dell'amore, sia a livello intra-trinitario, che a livello storico-salvifico. Possiamo sintetizzare questa dinamica ontologica della *kenosi* in questi termini: «Libera rinuncia a sé che costitui-

---

[72] S. BULGAKOV, *Il Paraclito*, 120.
[73] S. BULGAKOV, *Il Paraclito*, 488.
[74] S. BULGAKOV, *Il Paraclito*, 287.
[75] Cf. S. BULGAKOV, *Il Paraclito*, 376-382.
[76] Cf. S. BULGAKOV, *Il Paraclito*, 400.

sce, in quanto tale, la persona (divina o umana) nel suo essenziale rapporto di alterità. È in questa linea che va approfondito il dinamismo rivelato dell'Agape»[77].

Ancora possiamo dire, cercando di sintetizzare il pensiero speculativo di Bulgakov, che lo Spirito Santo è:
- nella Trinità immanente, il «tra-ipostatico» tra Padre e Figlio, l'amore trionfante risultante dall'amore sacrificale reciproco di Padre e Figlio, in cui come in un terzo trasparente ai due, Padre e Figlio si ritrovano, al di là della reciproca *kenosi*, con Lui;
- nella Storia della salvezza, il suo ruolo è duplice: nella creazione e nell'incarnazione è il «terzo che congiunge cielo e terra, il ponte ipostatico d'amore fra la Trinità e l'umanità, anche qui in virtù della sua *kenosi* ipostatica, come ci rivela il «ricettacolo ipostatico» dello Spirito Santo che è Maria[78]; nell'evento pasquale che si compie nella Pentecoste, è colui che «introduce nell'ontologia della Chiesa» come pluri-unità organica modellata sulla Trinità divina[79]. Il motivo di fondo centrale nel pensiero di Bulgakov è dunque la *kenosi*, intesa come «altruismo» delle persone (come pure relazioni) nella vita intra-trinitaria dell'amore[80].

2.3 *Pericoresi trinitaria e distinzione*

Il concetto di pericoresi mette in luce un duplice movimento d'Amore all'interno della vita trinitaria: la distinzione e l'unità. «L'eterno Amante si distingue dall'eterno Amato, da Lui procedente per la traboccante pienezza del suo amore: il Figlio è l'altro nell'amore, Colui sul quale riposa il movimento della generosità infinita dell'amore

---

[77] Cf. P. CODA, «Per un'ontologia trinitaria», 40-41.
[78] Cf. S. BULGAKOV, *Il Paraclito*, 368.
[79] «L'amore ecclesiale, ad immagine della SS. Trinità, supera l'egocentrismo che singolarizza, con la forza del *tutto* e penetra nell'anima quale realtà superiore: "chi perderà la propria vita per causa mia la troverà" (Mt 16,25). Il primo movimento è qui "rinuncia a se stesso"(*Ibid.*, 24), abbandonare l'affermazione di sé; allora, in risposta, avviene quell'effusione del tutto-amore che colma l'anima. La personalità trova un centro superiore al posto del proprio ed invece di essere ec-centrica ed egoista, diventa con-centrica al tutto». S. BULGAKOV, *Il Paraclito*, 450. Cf. anche P. CODA, «Lo Spirito Santo», 23-46.
[80] Cf. H.U. von BALTHASAR, «Mysterium Paschale», 195.

fontale»[81]. L'amore eterno è *distinzione*: l'Amante non è l'Amato; il Padre non è il Figlio. Senza questa alterità, l'amore divino sarebbe solitudine di infinito egoismo. Il Padre non è però un despota che annienta il Figlio, ma è Padre nell'amore! Il Figlio non è una pura inconsistenza, una vuota forma nelle mani del Padre, ma è il Figlio eterno, il Prediletto, l'Unigenito. La ricettività dell'amore ha in Dio una consistenza infinita: accettare l'amore non è meno personalizzante che dare l'amore, lasciarsi amare è amore, non meno che amare. Questo amore che ama e si lascia amare è infinitamente libero e personale. Il Padre è tutto nel Figlio e il Figlio è tutto nel Padre, eppure tra i due vi è una perenne novità. Il Figlio realizza ogni aspettativa del Padre, ma è anche una risposta che supera questa attesa, che genera meraviglia, stupore, nuovo Amore. Il Figlio è sempre l'accoglienza pura del Padre, la gioia di Colui che ama, un gioco di amore eterno senza principio e senza fine[82].

W. Kasper fa notare che l'amore non assorbe l'altro, ma lo accetta proprio nella sua alterità, lo conferma così com'è, ed appunto in tal modo lo costituisce nella sua vera libertà. Un amore che non doni all'altro qualcosa, ma se stesso, significa al contempo autodistinzione e autolimitazione. L'amante deve ritirarsi perché ciò cui mira non è se stesso ma l'altro. Di più, «l'amante si lascia coinvolgere dall'altro, si rende vulnerabile nel suo stesso amore. E così *amore e sofferenza risultano strettamente legati*. Ma la sofferenza dell'amore non è soltanto un coinvolgimento passivo, bensì anche un attivo lasciarsi-coinvolgere. Appunto perché è Amore, Dio può anche soffrire e così rivelare la propria divinità»[83]. È nell'evento pasquale che abbiamo il rivelarsi della massima distinzione: esatta traduzione nella storia della dinamica più intima e più profonda della vita trinitaria dell'amore[84]. «*La distinzione intradivina eterna di Padre e Figlio è la condizione teologico-trascendentale di possibilità dell'autoalienazione di Dio nell'incarnazione e sulla croce*»[85]. Il momento della passione e morte

---

[81] B. FORTE, *Trinità come storia*, 106.
[82] Cf. B. FORTE, *Trinità come storia*, 108.
[83] W. KASPER, *Il Dio di Gesù Cristo*, 266.
[84] Cf. P. CODA, *Trinità. Vita di Dio*, 62.
[85] W. KASPER, *Il Dio di Gesù Cristo*, 266-267. Kasper sottolinea, inoltre, che «questa non è speculazione, per quanto interessante, ma sta ad attestarci che fin dall'eternità in Dio c'è spazio per l'uomo».

di Cristo, letto in chiave pericoretica, rivela che ogni Persona vive per poter essere tutta per, con, nelle altre due. Ciascuna Persona è distinta, ma riconosce l'altra e le si dona totalmente. La grandezza della comunione trinitaria consiste proprio nel fatto di essere la comunione dei Tre diversi; la differenza accolta vicendevolmente come mediazione per l'unità plurale dei divini Tre. I Tre diversi affermano la differenza dell'uno dall'altro; nell'affermare l'altro e nel donarsi totalmente a lui, ciascuno si costituisce come diverso in comunione.

2.4 *Pericoresi trinitaria e unità: la* kenosi

L'amore trinitario, come abbiamo visto, è distinzione e, allo stesso tempo è *unità*: «La storia divina supera il distinto nell'infinita profondità della comunione trinitaria»[86]. «Io e il Padre siamo una cosa sola»[87]. È questa l'unità profondissima che il Figlio rende accessibile agli uomini con la sua incarnazione, passione, morte e risurrezione. Questa loro insondabile unità è principio, fondamento e termine di ogni vera unità: non una unità morta e statica, ma l'unità vivente del movimento eterno dell'amore divino. La perfetta unità e co-eternità del Figlio e del Padre, proprio in forza della sua inesauribile vitalità, non si esaurisce nel gioco del loro amore: essa è unità aperta, amore generoso dei due; unità che, facendo spazio in sé alla distinzione dell'Amato, fa spazio anche ad altri nell'amore.

L'unità di Dio non è l'unità di una monade, che non conosce in sé distinzione alcuna. Il Padre è distinto dal Figlio e dallo Spirito e viceversa. La loro distinzione è tale da essere Persone, da permettere al Figlio nella croce di gridare: «Dio mio, Dio mio perché mi hai abbandonato?»[88]. «La morte di Cristo è il momento che fa apparire più fortemente la distinzione del Padre e del Figlio. L'unità sembra spezzarsi. Per parlare in modo familiare, non si crederebbe che il Padre e il Figlio, nel mistero di un Dio unico, siano totalmente distinti che l'uno sia capace

---

[86] «Quest'unità si fonda anzitutto a livello essenziale: affermando che il Figlio è consostanziale al Padre, il Concilio di Nicea (325) ha difeso la parità tra nell'essere divino fra l'uno e l'altro, contro ogni riduzione subordinazionistica. (Cf. DS 125 [Nicea] e 150 [il Simbolo niceno-costantinopolitano])». B. FORTE, *Trinità come storia*, 111.

[87] Gv 10,30.

[88] Mc 15,34; Mt 17,46.

di andare così lontano per amore dell'altro[89]. Ma in quel momento l'unità prevale, e questa unità è lo Spirito Santo. La morte di Cristo rivela, così, che il legame d'amore tra il Padre e il Figlio è più forte di tutte le forze di dispersione[90].

Padre e Figlio sono congiunti nella piena comunione di quel volere che si chiama amore. Sulla croce il Figlio e il Padre sono separati a motivo della morte di maledizione, nel modo più radicale: in forza della dedizione sono invece congiunti nel modo più intimo. Nel Figlio che grida verso Dio medesimo, riconosce Mühlen, si fa evidente una

> distinguibilità personale tra il Figlio e il Padre della cui portata non è possibile farsi una idea compiuta e che è ben maggiore di quanto non si possa pensare [...]. Non potremmo mai scandagliare in tutta la sua profondità questo abisso di abbandono, giacché non siamo capaci nemmeno alla lontana di misurare la santità di Dio. Questa distinzione, questa differenza infinita, non è tuttavia qualcosa di assoluto, irrelato, morto, non è una mera giustapposizione di atti personali infinitamente disparati fra di loro. Colui che pende dal legno rivendica quel Padre che l'ha abbandonato come il Padre suo, e in questo si palesa, ancora una volta, una vicinanza personale di cui non possiamo rivendicare l'eguale, giacché resta esclusiva[91].

---

[89] È interessante a questo riguardo il pensiero che H.U. von BALTHASAR, sviluppa in *Mysterium Paschale*, 302-324, ripreso in modo sintetico nel *Nuovo Patto*, vol. *VII* di *Gloria*, 207-213. Cristo è morto per tutti gli uomini e non solo per gli eletti. Perché la salvezza possa essere offerta a tutti, nella loro condizione di morte, Cristo ha dovuto penetrare in tutte le profondità dell'inferno e contemplare la «pura sostanzialità dell'inferno, come peccato in sé» (*Mysterium Paschale*, 314). Il Figlio si trova, dunque, immerso nell'assolutamente anti-divino. È gloria all'opposto estremo di gloria, poiché è al tempo stesso obbedienza cieca: dover obbedire al Padre là dove (nel puro peccato) sembra cancellata ogni minima traccia di Dio ed ogni qualsiasi altra comunione (nella pura solitudine) (Cf. *Nuovo Patto*, 212). Questo viaggio (= esperienza) verso i morti nell'inferno della loro lontananza da Dio acquista il carattere di una presa di possesso. Gesù diventa, per la sua singolare esperienza il vero proprietario di quella realtà che il Nuovo Testamento chiama inferno; egli diventa quel giudice che ha misurato in lungo e in largo, con il suo patire, tutte le dimensioni dell'uomo, e può ormai assegnare escatologicamente a ciascuno la sua sorte (Cf. *Nuovo Patto*, 212). Egli percorre, dunque, tutte le dimensioni dell'inferno affinché ogni uomo, nella sua lontananza da Dio, abbia la possibilità di riconoscersi in Cristo. Nell'abbandono di Dio, vissuto in croce, la «discesa» agli inferi può diventare il lieto annuncio (cf. 1Cor 2,2) rivolto ai vivi. Dio li raggiunge nell'inferno della loro solitudine, angoscia, male, assenza di Lui.

[90] Cf. P. FERLAY, «Trinité», 933-943.

[91] H. MÜHLEN, *Esperienza sociale dello Spirito*, 296-197.

Entrambi, Padre e Figlio, nell'Amore che vuole la piena realizzazione e la salvezza dell'uomo si trovano in perfetta comunione, uniti nell'unico volere. Da questo avvenimento scaturisce la donazione stessa, lo Spirito, che accoglie coloro che sono abbandonati, giustifica gli empi e vivifica i morti[92]. È lo Spirito Santo rivelato e partecipato sulla croce che «sigilla l'unità mentre dichiara la distinzione»[93], per cui il Padre e il Figlio, perdendosi l'uno nell'altro si ritrovano uniti e distinti nello Spirito, Terzo fra loro e a loro unito e a loro distinto. La passione può essere spiegata solo alla luce del Mistero Trinitario: il Figlio si offre eternamente per la salvezza del mondo, il Padre gli «permette» di mutare il fuoco divino in un fuoco di sofferenza, bruciando in questo fuoco, lo Spirito gli permette di resistere oltre ogni misura. Nella comune sofferenza di corpo-anima-spirito viene sofferta e fondata l'eterna esistenza dell'uomo[94].

Con il sacrificio del Figlio sulla croce ha inizio il dolore infinito del Padre; se Dio è Padre come può restare impassibile di fronte alle sofferenze dell'uomo? Tutta la Bibbia non ci mostra forse un Dio misericordioso le cui «viscere materne» si commuovono? «Dunque, non è forse Efraim un Figlio caro per me, un mio fanciullo prediletto? Infatti dopo averlo minacciato, me ne ricordo sempre più vivamente. Per questo le mie viscere si commuovono per lui, provo per lui profonda tenerezza»[95]. Se Uno nella Trinità ha sofferto, non si può forse dire che c'è una relazione tra la sofferenza del Figlio e l'amore compassionevole del Padre? Ogni amore non è forse vulnerabile, e l'incapacità di soffrire per l'essere amato non significa forse una forma di indifferenza nei suoi confronti?

«Sulla croce il Figlio soffre l'abbandono dal Padre, ma anche il Padre soffre la morte del Figlio e in essa il proprio abbandono da lui [...] la nostra liberazione dal dolore e redenzione dalla passione scaturiscono dalla sofferenza della Trinità intera: dalla morte del Figlio, dalla pena del Padre e dalla pazienza dello Spirito»[96]. È tutto l'amore della Trinità che sulla croce si esprime, un amore che si fa gratuità assoluta: vi è l'amore del Padre che crocifigge, l'amore del Figlio che è crocifis-

---

[92] Cf. J. MOLTMANN, *Futuro della creazione*, 85.
[93] G.M. ZANCHÌ, «Per una cultura dell'unità», 23.
[94] Cf. A. von SPEYR, «Frammenti», 30.
[95] Ger 31,20.
[96] J. MOLTMANN, «Il Padre materno», 94.

so, l'amore dello Spirito che trionfa con la forza della croce. È una passione d'amore: il Padre abbandona il Figlio nelle mani dei suoi nemici; a questo abbandono del Padre, Gesù risponde con l'abbandono tra le mani del Padre, nella morte stessa: «Padre nelle tue mani raccomando il mio Spirito»[97].

La passione del Cristo non è quindi una passione di Dio nel senso che la passibilità verrebbe introdotta nell'impassibilità, essa è invece il compimento dell'eterno disegno di Dio o della volontà del Padre nel Sacrificio del Figlio. La croce è la teofania dell'eterno disegno d'amore della Trinità per l'uomo. S. Caterina dice che è l'amore che ha piantato il Cristo sulla croce e non i chiodi. Se l'amore è la fonte più grande delle sue sofferenze, in questa abbiamo la glorificazione massima. È la gloria della sofferenza, perciò, che trova posto nell'eternità dell'amore e tutta la sofferenza dovrà tramutarsi in amore[98]. Le nostre categorie umane non ci permettono di penetrare le profondità di tanta gratuità dell'Amore che trova compimento nella croce. L'abbandono che il Figlio soffre è senza misura, è una sofferenza che non è misurabile nemmeno da lui che è Dio; è una sofferenza infinita. Il Figlio non può amministrare il suo dolore, altrimenti egli stesso si troverebbe a misurare. È qui che scaturisce la donazione stessa nell'assoluta gratuità. È lo Spirito, che sgorga dalla sofferenza del Padre e del Figlio, fatto gratuità, che amministra, ed è testimone di questo dolore. Padre e Figlio si sentono infinitamente lontani, ma anche il Figlio e lo Spirito non devono incontrarsi nella passione, poiché se il Figlio riconoscesse sempre lo Spirito come lo Spirito del Padre, non potrebbe essere abbandonato, egli sentirebbe un alleviamento, spererebbe. L'abbandono, quindi, raggiunge il massimo nella consegna che il Figlio fa dello Spirito al Padre, che con la resurrezione il Padre ridona al Figlio. «Lo Spirito risalta come il dono personale della loro generosità infinita, il luogo personale in cui la Trinità si fa donante e accogliente»[99].

Il momento dell'abbandono e della morte di Gesù ci rivela dunque, nelle coordinate della storia e della creaturalità assunte dal Verbo, il segreto più profondo della vita divina: quel momento di morte che ogni divina Persona vive per poter essere tutta per-con-nelle altre due, in quella che i greci definivano pericoresi o mutua inabitazione dei Tre

---

[97] Lc 23,46.
[98] Cf. Y. DE ANDIA, «Passione di Cristo», 45-57.
[99] B. FORTE, *Trinità come storia*, 99.

nell'unità dell'amore. Vivere il comandamento di Gesù «Amatevi gli uni gli altri come io vi ho amati»[100] è allora vivere l'amore trinitario sulla terra, innestati, ciascuno e insieme nella vita d'amore di Dio stesso: l'amore reciproco è la vita di pericoresi trinitaria partecipata agli uomini. L'uomo redento e divinizzato, innestato cioè nella vita trinitaria è chiamato a vivere il suo rapporto con l'altro uomo come amore e ad affermare l'assolutezza della sua libertà nella possibilità di donare la sua vita per lui. Ciascuno può e deve amare l'altro uomo come Cristo lo ha amato: perché in lui che ama vive Cristo, e perché nell'altro che è da lui amato vive il medesimo Cristo: «Tutto quello che avete fatto al più piccolo è a me che l'avete fatto»[101]. Il mutuo rapporto fra i due soggetti, il loro reciproco amore è dunque «divinizzato» – direbbero i Padri – è trinitario. È Cristo in me che ama Cristo in Te e questo reciproco amore è amore nel Cristo, è Spirito Santo. In tale contesto, si può intendere che il nucleo più profondo del mistero della divinizzazione dell'uomo è proprio da rinvenirsi nell'«estrema *kenosi* vissuta da Cristo, cioè nell'abbandono patito in croce, come espressione del suo libero e amoroso partecipare al dramma della libertà dell'uomo allontanatosi da Dio per ricondurlo, dal di dentro e liberamente nell'amore al Padre, nella forza santificante dello Spirito»[102].

L'unità di Dio è dunque, una unità di comunione che è costitutivamente attraversata dalla distinzione delle Tre Persone, sempre unite in un perenne gioco d'amore, di unità di pensiero, di volontà, di sentimenti. L'unità di Dio è l'archetipo della comunione a cui tendono, al di là di tutte le diversità, con tutte le diversità e nella diversità, gli uomini.

A questo punto ci sembra importante rilevare come la riflessione teologica sulla Trinità abbia messo in luce il circolo d'amore delle Tre Persone Divine che, volte l'una all'altra nell'unica volontà d'amore, si riversano entrambe sull'uomo in una donazione che rispecchia l'amore continuamente dato e ricevuto che dall'eternità vivono in Sé. Nessuna storia dell'uomo è a loro indifferente, ma tutto l'uomo, ogni uomo, è amato di un amore particolare, unico, e ha meritato l'amore «fino alla fine» di tutta la Trinità Santissima. Sulla croce muore il Figlio che si abbandona totalmente alla volontà salvifica del Padre, e pur nella massima distinzione, Padre e Figlio sono uniti a lui in modo medesimo, in

---

[100] Gv 15,12.
[101] Mt 25,40.
[102] P. CODA, *Evento Pasquale*, 167.

una pericoresi d'amore, la stessa che vivono dall'eternità. L'abbandono di Gesù sulla croce è perciò la vita trinitaria mostrata e spiegata all'uomo. È questo amore, rivolto all'uomo, che lo rende capace di amare e di trovare in sé la forza di essere persona a immagine delle Persone divine.

3. La rivelazione della comunione trinitaria

Riflettere sulla Trinità economica ci introduce alla conoscenza teologica del mistero trinitario, intravedendone, nella Storia della salvezza, il luogo privilegiato del suo manifestarsi. Tentiamo, in sintesi, di scandire i momenti principali e fondamentali nei quali la storia di Dio si è intrecciata con quella degli uomini, per scorgere la profondità della vita divina che ci è stata rivelata.

3.1 *L'Incarnazione: rivelazione del volto trinitario di Dio*

Nel Verbo fatto carne, «trova compimento tutta intera la Rivelazione di Dio»[103], e il mistero della comunione trinitaria raggiunge l'apice della sua manifestazione: «E il Verbo si fece carne e venne ad abitare in mezzo a noi; e noi vedemmo la sua gloria, gloria come di unigenito dal Padre, pieno di grazia e di verità»[104]. In Cristo, Verbo fatto uomo, rivive, nel tempo e nello spazio, quell'infinito rapporto d'amore che lega il Padre e il Figlio, nello Spirito Santo, da tutta l'eternità. Tutta la sua vita terrena, irradiazione della gloria del Padre, è trasparenza e abbandono, obbedienza e consegna, dono totale, consacrazione piena a Lui.[105]

Von Balthasar, contemplando il mistero del Verbo incarnato, vi legge la rivelazione della Trinità di Dio. A differenza del cristocentrismo del primo Barth, che si incentra sulla preesistenza del Verbo, il cristocentrismo balthasariano si ricollega al pensiero del secondo Barth, che sostituisce la Parola di Dio con Gesù Cristo, l'Incarnato, che rivela Dio. L'Incarnazione viene colta come «evento centrale e insuperabile dell'intera rivelazione trinitaria»[106], la «fonte primaria» di ogni discorso cristiano su Dio, in quanto «il cristianesimo al centro della sua confessione di fede e della storia del mondo pone l'affermazione giovannea:

---

[103] DV 7.
[104] Gv 1,14.
[105] Cf. Gv 6,57; 10,17; 6,38; 8,28-29.
[106] G. MARCHESI, *La cristologia trinitaria*, 327.

Et Verbum caro factum est (Gv 1,14). Tale affermazione costituisce l'entrata nel santuario più recondito del mistero di Dio Trinità»[107].

Incarnazione e Mistero trinitario si richiamano inscindibilmente perché tra il Rivelante (Verbo Incarnato) e il Rivelato (Dio Padre) non c'è un termine di mediazione; Gesù Cristo è la stessa divina rivelazione del Padre nella forza dello Spirito Santo, il Figlio che era «presso il Padre», irradiazione della sua gloria, storicamente implicatosi nella «carne di peccato» come volto luminosissimo di Dio e, perciò stesso, totalità della rivelazione e ultima parola di Dio al mondo. Balthasar ama chiamare Gesù, con S. Ireneo, «la visibilità dell'Invisibile, il *summum* della rivelazione»[108].

L'incarnazione viene congiunta inseparabilmente alla rivelazione e alla salvezza, compresi come eventi inconfondibilmente trinitari, in quanto «nella Persona e nel ruolo storico-salvifico del *Verbum caro* [...] è tutta la Trinità che si fa presente nella storia dell'uomo e agisce nel proscenio del mondo»[109]. Nella Trinità immanente Balthasar coglie la possibilità sorgiva dell'Incarnazione del Verbo, precisando, però, che, sebbene noi conosciamo Dio-in-sé dal suo «dirsi» economico nella storia, mai la Trinità economica esaurisce l'abisso di mistero della Trinità immanente[110]. Il Verbo incarnato traduce a livello storico-salvifico l'eterna con-dilezione del Padre e del Figlio nello Spirito, la profondissima unione di tre Persone distinte, fatte Uno nell'Amore: «il Padre è colui che invia e in tal modo colui che assegna il mandato, che comanda. Il Figlio è l'inviato, colui che si assoggetta al comando, colui che obbedisce, [...] che si lascia disporre e adattare entro questa missione: lo Spirito Santo fa divenire uomo solo il Figlio dell'unico Padre [...]. Così, a partire dal mistero dell'incarnazione, è tutta la Trinità di Dio che entra in azione, che manifesta il suo mistero intimo di amore e si fa conoscere come amore onnipotente e misericordioso»[111].

---

[107] G. MARCHESI, *La cristologia trinitaria*, 329.

[108] G. MARCHESI, *La cristologia trinitaria*, 332.

[109] G. MARCHESI, *La cristologia trinitaria*, 335. Von Balthasar legge l'atto epifanico salvifico trinitario anche nell'epistolario paolino, specie nell'Inno della Lettera agli Efesini. Cf. *Ibid.*, 334.

[110] In tal modo von Balthasar viene precisando la sua posizione circa l'assioma rahneriano che identifica la Trinità immanente e quella economica: «La Trinità economica è la Trinità immanente e viceversa». Cf. G. MARCHESI, *La cristologia trinitaria*, 338-340.

[111] G. MARCHESI, *La cristologia trinitaria*, 351.

Von Balthasar nell'opera *Teologica*, in sintesi, chiarisce: «il Dio trinitario non è quindi un dogma escogitato in un secondo tempo, ma si manifesta immediatamente nel *factum* del *Verbum-Caro* [...]. Se anche solo una Persona della Trinità ha assunto la carne, in questo per colui che sa vedere (Gv 14,9) è visibile la Trinità di Dio»[112].

3.2 *La* kenosi: *rivelazione della vita divina della Trinità*

Ma è nella croce che Cristo «ha ultimato la sua Rivelazione»[113], infatti «l'incontro col mistero trinitario trova il suo momento culminante nella morte e risurrezione di Gesù»[114]. Lo sguardo contemplativo del «discepolo che Gesù amava» ci introduce progressivamente nella profonda intimità del mistero trinitario, sino alla massima rivelazione della comunione del Figlio col Padre nell'Ora in cui la vita donata è massima manifestazione dell'amore; il massimo dolore è doglia di parto; l'ultimo respiro è effusione dello Spirito[115]. In quell'Ora, la perfetta unità tra il Padre e il Figlio si manifesta come unica volontà salvifica e si esprime nella croce come sofferenza infinita, sino all'esperienza di abbandono: «Dio mio, Dio mio, perché mi hai abbandonato?»[116]. La croce è un *avvenimento trinitario*. Il Padre consegna e dona il proprio Figlio, il Cristo dona se stesso consegnandosi con amore, lo Spirito si lascia effondere in abbondanza. «Insieme, dunque, il Padre celeste e il Figlio suo Gesù erano nella passione, insieme furono sulla croce. Più che ai bracci di legno della croce, Gesù era inchiodato alle braccia del Padre, della sua volontà»[117].

La teologia contemporanea ha trovato nell'evento pasquale il luogo privilegiato per la comprensione del mistero trinitario. Sulla croce tutta la Trinità non solo redime l'umanità, ma rivela se stessa come amore donato sino all'estremo, sino all'annientamento. Assieme al Figlio incarnato anche il Padre e lo Spirito Santo vivono la loro *kenosi*; per il loro inscindibile rapporto non possono, e gratuitamente non vogliono, restare estranei a tanto dolore-massimo amore. Il Padre non pensa a

---

[112] H.U. von BALTHASAR, *Verità di Dio*, 261.
[113] DH 11.
[114] RC 83.
[115] Cf. Gv 19,26; 15,13; 16,21; 19,30.
[116] Cf. Mt 27,46; Sal 22,1; H.U. von BALTHASAR, *Mysterium Paschale*, 272.
[117] R. CANTALAMESSA, *Omelia*, 4.

trattenere il Figlio, ma lo dà[118] e, nell'abbandono, vive il sacrificio della «pazienza» nel trattenere la sua onnipotenza. Il Figlio si fa Agnello immolato e grida il dolore della separazione del Padre, non percependo più quell'unità con lui che è lo Spirito Santo. Allo stesso modo il Paraclito, per amore e amando, vive il suo «astenersi dall'amore», «rinuncia» alla sua forza e attività. Padre, Figlio e Spirito Santo si trovano a co-esistere nel sacrificio d'amore, come sacrificio d'amore; si trovano uniti nell'immolazione di sé, nel rivelare il loro essere più profondo. «Dio non è in primo luogo potenza assoluta, ma amore assoluto e la sua sovranità non si manifesta nel tenere per sé ciò che gli appartiene, ma nel suo abbandono»[119]. La Trinità che si rivela nel mistero pasquale è la Trinità che contempliamo come immanente.

Il fondamento di questa riflessione lo troviamo in quello che la Commissione Teologica Internazionale (CTI) ha definito «l'assioma fondamentale della teologia odierna»: «la Trinità che si manifesta nell'economia della salvezza è la Trinità immanente; è la Trinità immanente che si comunica liberamente e a titolo gratuito nell'economia della salvezza»[120]. È questo il principio che regola la nostra comprensione del rapporto fra mistero pasquale, come culmine di manifestazione della Trinità economica, e la Trinità immanente.

> L'economia della salvezza manifesta che il Figlio eterno assume nella sua propria vita l'*evento kenotico* della nascita, della vita umana e della morte in croce. Tale evento, in cui Dio si rivela e si comunica in modo assoluto e definitivo, riguarda in qualche misura l'essere proprio di Dio Padre, in quanto è il Dio che compie questi misteri e li vive come suoi in unione con il Figlio e con lo Spirito Santo. Non solo, infatti, nel mistero di Gesù Cristo, Dio Padre si rivela e si comunica a noi liberamente e gratuitamente mediante il Figlio e lo Spirito Santo, ma il Padre con il Figlio e lo Spirito Santo conduce la vita trinitaria in maniera profondissima e – almeno secondo il nostro modo di pensare – in qualche modo nuova, in quanto il rapporto del Padre al Figlio incarnato nella consumazione dello Spirito Santo è la stessa rivelazione costitutiva della Trinità. Nella vita intima del Dio trinitario, esiste la condizione di possibilità di questi eventi, che dall'incomprensibile libertà di Dio ci vengono offerti nella storia della Salvezza dal Signore Gesù Cristo. Dunque, i grandi avvenimenti della vita divina di Gesù traducono chiaramente per noi e arricchiscono d'una nuova efficacia a nostro vantag-

---

[118] Cf. Gv 3,16; 6,32; Rom 4,25; 8,32.
[119] H.U. von BALTHASAR, *Mysterium Paschale*, 274.
[120] CTI, *Teologia - Cristologia - Antropologia*, 55.

gio il dialogo della generazione eterna, nel quale il Padre dice al Figlio: «Tu sei mio Figlio, oggi ti ho generato» (Eb 5,5)[121].

In tal modo la CTI accoglie e precisa il grande assioma di Rahner sull'identità tra Trinità immanente e Trinità economica e, soprattutto centra il discorso sul mistero pasquale, secondo l'interpretazione di Von Balthasar.

Dall'interiore «struttura» trinitaria dell'evento pasquale, considerato sia in prospettiva soteriologica come in quella rivelativa, deriva l'inscindibile nesso fra dimensione cristologica e pneumatologica nel farsi dell'evento stesso. «È un aspetto che la CTI non sviluppa, ma che sinteticamente enuncia, vedendolo radicato nello stretto legame fra Trinità economica e Trinità immanente: "Il rapporto del Padre al Figlio incarnato nella consumazione del dono dello Spirito è la stessa relazione costitutiva della Trinità"»[122]. Bordoni approfondisce ulteriormente questo aspetto situando nell'ora pasquale il momento per eccellenza della rivelazione dello Spirito sia come comunione del Cristo con il Padre, che si esprime nella oblazione suprema della croce per cui egli «passa dal mondo al Padre», sia come comunione del Cristo con noi, in quanto proprio a partire da questo ritorno ci viene comunicato quello Spirito che fa nascere la fede pasquale, opera la nostra santificazione, è forza della testimonianza. «La venuta dello Spirito Santo è posta in intimo rapporto con il mistero del passaggio del Cristo al Padre. In tale mistero si compie infatti la più perfetta realizzazione dell'amore umano del Verbo incarnato, segno dell'amore spirante da cui procede lo Spirito Santo»[123].

3.3 *L'evento pasquale: rivelazione della pericoresi trinitaria*

Nel mistero pasquale, centro dell'economia della salvezza, possiamo in trasparenza leggere tutto ciò che il Verbo Eterno vive nell'infinito atto di donazione al Padre, nell'infinito reciproco offrirsi intra-trinitario: «E, come dall'eternità, dall'abbraccio ineffabile e gaudioso del Padre e del Figlio, procede lo Spirito Santo, dono reciproco d'amore, così dall'abbraccio, questa volta doloroso, del Padre e del

---

[121] CTI, *Teologia - Cristologia - Antropologia*, 55.
[122] P. CODA, *Evento Pasquale*, 164.
[123] M. BORDONI, «Cristologia e pneumatologia», 485.

Figlio sulla croce, è sgorgato nuovamente lo Spirito Santo, dono del Padre e del Figlio per noi»[124].

L'evento pasquale ci rivela, in modo unico e particolare, la vita della Trinità. Esso «rivela l'unità della Trinità aperta a noi nell'amore, e perciò è offerta di salvezza nella partecipazione alla vita del Padre, del Figlio e dello Spirito. La Trinità, storia trinitaria di Dio rivelata a Pasqua, è storia di salvezza, storia nostra ...»[125].

L'unità nella distinzione della dimensione divina e di quella umana nell'evento pasquale – nel senso usato da Giovanni Paolo II nella *Redemptor Hominis* – è radicata nel teandrismo cristologico, che la teologia cattolica riconosce espresso normativamente dal dogma di Calcedonia. Ma Calcedonia, come nota espressamente la CTI, non approfondisce la questione di come possano coesistere in Cristo la natura divina e la natura umana, limitandosi a tracciare apofaticamente uno spazio da cui non ci si può allontanare.[126]

L'evento pasquale, in realtà, ci mostra questa pericoresi non tanto nella staticità dell'*unio hypostatica* (incarnazione come atto puntuale), ma nella dinamica correlativa di un *descensus Dei - ascensus hominis*, nella prospettiva di Fil 2,7ss. Da un lato, nell'evento pasquale, c'è il compimento estremo della «umanizzazione» di Dio nel suo Verbo incarnato – come sottolinea la prospettiva kenotica della *theologia crucis* luterana –; ma essa coincide dall'altro con la perfetta «divinizzazione» dell'umanità del Cristo – come indica, sulla scorta del ricco pensiero dei Padri, soprattutto greci, la teologia orientale[127]. Paradossalmente, come sottolinea la CTI richiamandosi a San Massimo il Confessore, è «l'esperienza suprema di Cristo, cioè la sua Passione e l'abbandono che prova da parte di Dio, che rivela l'autentico e più profondo dinamismo trinitario della divinizzazione»[128]. Infatti quanto profondamente Gesù Cristo ha voluto rendersi partecipe della povertà umana, tanto più l'uomo si innalza nella partecipazione alla vita divina. In tale contesto, si può intendere che il nucleo più profondo del mistero della divinizzazione dell'uomo è proprio da rinvenirsi nell'estrema *kenosi* vissuta da Cristo, cioè l'abbandono patito in croce, come espres-

---

[124] M. BORDONI, «Cristologia e pneumatologia», 485.
[125] B. FORTE, *Trinità come storia*, 35.
[126] Cf. P. CODA, *Evento Pasquale*, 166.
[127] Cf. P. CODA, *Evento Pasquale*, 167.
[128] CTI, *Teologia - Cristologia - Antropologia*, 5.

sione del suo libero e amoroso partecipare al dramma della libertà dell'uomo allontanatosi da Dio per ricondurlo, dal di dentro e liberamente nell'amore, al Padre nella forza santificatrice dello Spirito»[129].

Le implicazioni antropologiche di questa prospettiva sono molto importanti per il nostro orizzonte ecclesiologico-missionario. Esse si intrecciano con quelle cristologiche. Se infatti, sul piano della dimensione divina dell'evento pasquale, l'autodonazione al Padre del Figlio nello Spirito implica un'«estasi d'amore della sua persona che si "perde" per ritrovarsi nell'unità, sul piano della dimensione umana dello stesso evento ciò implica un "annichilimento", nella morte, della sua natura umana perché essa possa essere trasfigurata nella sua nuova condizione divina che compete al Risorto»[130]. Se le persone umane, continua Coda, trascendendo per grazia la loro natura umana, potranno essere partecipi della «natura divina», è perché la «persona divina del Verbo, trascendendo – in certo modo – per amore e nell'amore la sua natura divina, non solo si è incarnata, ma sulla croce ci ha mostrato che la perfezione della natura divina consiste nell'essere vissuta nella pericoresi (a livello divino) e nel poter quindi essere partecipata (a livello umano)»[131].

Notiamo subito nello stretto rapporto tra *pericoresi* (vita divina) e partecipazione personale (livello umano), quanto l'ecclesiologia conciliare intravvedeva e indicava come *partecipazione* dell'uomo alla vita di Dio, la *pericoresi* trinitaria. A questo riguardo osserva Clement: «La pericoresi, questo scambio d'essere mediante il quale ciascuna persona non esiste che per la sua relazione all'altra, potrebbe essere definita come una *kenosi* gioiosa. La *kenosi* del Figlio nella storia prolunga la pericoresi trinitaria e ci permette di parteciparvi»[132]. In altri termini la persona del Verbo incarnato si definisce nella pericoresi di natura divina e natura umana fondata, nella sua condizione di possibilità, nella pericoresi trinitaria[133].

La dimensione pneumatologica dell'evento pasquale ci dà la profonda chiave di lettura della dimensione ecclesiologica, dimensione che ci interessa particolarmente. Coda, infatti, fa notare che il compimento della via discendente della *Kenosis* del Verbo nella natura umana e

---

[129] CTI, *Teologia - Cristologia - Antropologia*, 167.
[130] CTI, *Teologia - Cristologia - Antropologia*, 167.
[131] CTI, *Teologia - Cristologia - Antropologia*, 168.
[132] O. CLEMENT, *Les mystiques chrétiens*, 63.
[133] Cf. P. CODA, *Evento Pasquale*, 168.

nell'abisso dell'abbandono, si compie nella via ascendente della *Enosis*, che ha nello Spirito Santo il suo agente principale. Ed è lo Spirito che ri-modella la libertà dell'uomo perché essa si apra, nel Cristo, alla comunione col Padre e con i fratelli. In tal modo la dinamica di pericoresi trinitaria dell'evento pasquale diventa, «nello Spirito ed analogicamente, la dinamica di *pericoresi di unità nella pluralità della Chiesa* come immagine della Trinità. Questa dinamica si estende diacronicamente a tutta la storia, e si allarga sincronicamente anche a tutto il cosmo, in quanto la Chiesa è ormai segno e strumento di unità»[134].

L'unità di cui la Chiesa è segno e strumento è quella della pericoresi fra umano e divino, e, fra le varie espressioni dell'umano. La sua dinamica è quella Pasquale. Il suo compimento si avrà quando Dio sarà 'tutto in tutti', e la pericoresi raggiungerà il suo stadio definitivo e pienamente dispiegato di divinizzazione universalmente partecipata»[135].

4. Conclusione

La profondità della vita di comunione della Santissima Trinità, che si «svela» a noi in tutta la sua pienezza nelle diverse «tappe» della Storia della salvezza, e la comprensione della comunione trinitaria che ci viene donata, ci aiuta a considerare le preziose indicazioni conciliari che pongono nella Trinità il fondamento del dinamismo missionario della Chiesa. Giovanni Paolo II nell'Udienza del 21 aprile 1995, parlando della missionarietà della Chiesa, afferma che dobbiamo insistere nell'approfondimento dell'origine trinitaria di tale dinamismo missionario, a cui fa riferimento il Decreto *Ad Gentes*. «Dinamismo che scaturisce dalla «fonte d'amore», cioè dalla «carità di Dio Padre», nella «sua immensa misericordiosa benevolenza». È lui il Dio che ci crea e «gratuitamente ci chiama a partecipare alla sua vita e alla sua gloria»[136]. Il Papa afferma che la comunicazione del dinamismo della vita divina è avvenuta nell'incarnazione del Figlio eterno di Dio, mandato dal Padre a portare agli uomini la rivelazione e la salvezza. «La venuta nel mondo del Verbo fatto carne (cf. Gv 1,14) può essere considerata un "tipo" o "archetipo" – come direbbero i Padri – dell'impulso missionario della

---

[134] P. CODA, *Evento Pasquale,* 168. Cf. LG 1.
[135] P. CODA, *Evento Pasquale,* 168.
[136] GIOVANNI PAOLO II, «La Chiesa missionaria», 15.

Chiesa, che oltrepassando i confini dell'antico Israele estende il Regno dei cieli all'intera umanità» [137].

Giovanni Paolo II continuando la Catechesi, fa notare che la tipologia missionaria del «Verbo fatto carne» comprende anche lo spogliamento di colui che sussiste in forma di Dio e che assume la forma di un servo, divenendo simile agli uomini (cf. Fil. 2,6-7). «Il concetto paolino della *kenosi* (*exnanivit sumeipsum*) permette di vedere nell'Incarnazione il primo modello dello spogliamento di coloro che, accogliendo il mandato di Cristo, lasciano tutto per portare la buona novella «fino agli estremi confini della terra»[138].

Ci sentiamo in profonda sintonia con queste indicazioni di Giovanni Paolo II, che abbiamo visto essere la «pista» nella quale la riflessione sulla comunione trinitaria deve necessariamente passare per giungere al fondamento del dinamismo missionario. All'inizio di questo capitolo abbiamo affermato che la *koinonia* trinitaria non solo rende possibile la *koinonia* ecclesiale, ma ne è anche il modello per la sua attuazione. Ed è proprio in questa prospettiva che desideriamo continuare il nostro lavoro, tentando di evidenziare lo stretto rapporto che esiste tra la *koinonia trinitaria* e la *koinonia* ecclesiale, fondamento della vera missionarietà della Chiesa.

---

[137] GIOVANNI PAOLO II, «La Chiesa missionaria», 15.
[138] GIOVANNI PAOLO II, «La Chiesa missionaria», 15.

CAPITOLO III

Comunità per la missione *ad gentes*

1. La comunione trinitaria «genera» la comunità

Alla luce della dinamica della pericoresi trinitaria dell'evento pasquale e del suo rapporto analogico, nello Spirito, con la dinamica pericoretica di unità nella pluralità ecclesiale, cogliamo ed evidenziamo alcune importanti coordinate ecclesiologiche che indicano nella comunione il centro focale della vita della Chiesa, icona della Trinità. La riscoperta della fondazione trinitaria della Chiesa, in forza della quale la Trinità è origine, forma e meta della realtà ecclesiale, conduce ad assumere l'idea di «comunione», di unità cioè nella varietà cattolica[1]. È quanto viene espresso nella LG riguardo all'universalità e unità del popolo di Dio: «Tutti gli uomini sono chiamati a far parte del nuovo popolo di Dio. Perciò questo popolo, restando uno e unico, deve estendersi a tutto il mondo e a tutti i secoli, affinché si compia il disegno della volontà di Dio, che in principio creò la natura umana una, e decise di raccogliere alla fine in unità i suoi figli dispersi (cf. Gv 11,52)»[2].

Per realizzare il suo disegno di unità nella varietà degli uomini e delle genti, il Padre ha mandato il Figlio suo e lo Spirito, Signore e vivificante, «che per l'intera Chiesa e per i singoli credenti è il principio che riunisce e unifica nella dottrina apostolica e nella comunione, nella frazione del pane e nelle orazioni (cf. At 2,42)»[3]. Il compito della Chiesa è dunque quello di rendere presente in ogni tempo e di fronte ad ogni

---

[1] Cf. B. FORTE, *La Chiesa icona della Trinità*, 44.
[2] LG 13.
[3] LG 13.

situazione l'incontro dello Spirito e della carne, di Dio e degli uomini, così come si è attuato nel Verbo Incarnato. Come riceve lo Spirito per Cristo dal Padre, così la comunione ecclesiale è chiamata a donarlo: la sua missione si riassume nel mandato di portare l'intero universo al Padre per Cristo nell'unico Spirito. La Chiesa-comunione è il segno e lo strumento, ovvero il sacramento, attraverso cui lo Spirito realizza l'unità degli uomini con Dio e fra di loro[4].

1.1 La comunione, dono dello Spirito Santo per la comunità

Al «mistero della Chiesa-comunione siamo abitualmente richiamati all'inizio della celebrazione eucaristica, allorquando il sacerdote ci accoglie con il saluto dell'apostolo Paolo: "La grazia del Signore Gesù Cristo, l'amore di Dio e la comunione dello Spirito Santo siano con tutti voi"(2Cor 13,13)»[5]. Queste parole che S. Paolo rivolge come saluto alla comunità di Corinto, probabile eco del culto della Chiesa nascente che la liturgia ha fatto proprie nel saluto iniziale della celebrazione dell'Eucaristia, evidenziano come il dono gratuito dell'amore del Padre in Gesù Cristo si saldi strettamente alla comunione (*koinonia*), operata dallo Spirito Santo. Questa interpretazione, fondata sul forte parallelismo che il testo stabilisce fra i tre genitivi, vede la «comunione» come dono specifico dello Spirito, analogo all'amore donato da Dio e alla grazia offerta dal Signore Gesù[6].

Secondo B. Forte «la *koinonia* dello Spirito Santo è insieme la comunione dello Spirito e la comunione fraterna, da lui prodotta, o, meglio ancora, è la comunione fraterna in quanto suscitata, nutrita e vivificata sempre di nuovo dal dono dello Spirito»[7]. In questo senso si può allora affermare che grazia, amore e comunione, riferiti rispettivamente al Cristo, al Padre e allo Spirito, sono aspetti diversi dell'unica «economia» della salvezza, che suscita la Chiesa voluta dall'amore del Padre, radunata dalla grazia del Figlio, espressa nella storia come «comunione» prodotta ed alimentata dallo Spirito di vita[8].

Secondo J.-M. Tillard, se si dovesse riassumere in una sola parola il contenuto concreto della salvezza, sia individuale che collettiva, annunciata nel Vangelo di Dio, si dovrebbe usare, sulla scia di molti pa-

---

[4] B. FORTE, *La Chiesa icona della Trinità*, 45-46.
[5] ChL 18.
[6] Cf. B. FORTE, *La Chiesa della Trinità*, 158.
[7] B. FORTE, *La Chiesa della Trinità*, 158.
[8] Cf. B. FORTE, *La Chiesa della Trinità*, 158.

dri, la parola *comunione*, termine che riassume i sommari degli Atti. Per il pensiero biblico, così come viene compreso nei primi secoli, «la salvezza si chiama «comunione». [...] Non è un caso, certo, che fino ai nostri giorni il pensiero giudaico e cristiano abbia veicolato una visione dell'uomo autentico sottolineando che la creatura umana non trova la sua verità e non afferma la sua singolarità se non nella comunione»[9].

La storia della salvezza è la storia della comunione che progressivamente si realizza nella comunità messianica, anticipatrice della comunità nel regno della Trinità. In tal modo, Dio manifesta il suo piano, che tende a modificare radicalmente e per sempre i rapporti che legano gli uomini fra loro. In attesa del compimento finale, Dio con la sua azione e la collaborazione dell'uomo vuol cambiare dall'interno l'intera storia umana. Dire che la salvezza annunciata dal Vangelo di Dio e manifestata nel nascere della Chiesa di Dio a Pentecoste è la comunione, significa, secondo Tillard riconoscere nella Chiesa di Dio il luogo della «ri-creazione dell'umanità-che-Dio-vuole. La comunione che presentano i sommari degli Atti, utilizzando accanto ad altri termini quello di *koinonia*, implica sempre la negazione dell'isolamento o della egemonia nella quale, dopo il peccato, l'umanità soffoca»[10].

La comunità cristiana, fin dal suo nascere appare come il luogo in cui è possibile vivere la *«koinonia»* con un cuore solo e un'anima sola[11]; diventa cioè il segno fondamentale di quella relazione che Cristo ha comunicato agli uomini, rendendoli capaci di vivere tra loro come fratelli, di incarnare sulla terra la relazione esistente in seno alla Trinità. In questo contesto si possono evidenziare alcune accezioni fondamentali della comunione-*koinonia*.

1.1.1 La comunione con la vita divina

La *koinonia* è anzitutto la partecipazione alla vita del Figlio, resa possibile dalla chiamata di Dio: «Fedele è Dio, dal quale siete stati chiamati alla comunione del Figlio suo Gesù Cristo, Signore nostro!»[12]. Nel tempo del pellegrinaggio terreno il discepolo mediante la comunione al Figlio può già partecipare della vita divina di lui e del Padre: «La

---

[9] J.-M. TILLARD, *Chiesa di chiese*, 27.
[10] J.-M. TILLARD, *Chiesa di chiese*, 28.
[11] Cf. At 4,32. Per l'approfondimento del termine *"koinonia"* si veda lo studio di C. BORI, *Koinonia*, e lo studio di E. FRANCO, *Comunione e partecipazione*. Si veda inoltre l'introduzione di C. SCANZILLO, *La Chiesa Sacramento di comunione*, 9-35.
[12] 1Cor 1,9.

nostra comunione è col Padre e col Figlio suo Gesù Cristo»[13]. E questa vita di comunione, ricca di relazioni interpersonali, è frutto dello Spirito Santo[14]. «Lo Spirito è, nel pensiero di Paolo, il vincolo più intimo e profondo della relazione personale tra il Padre e il Figlio e, quindi, tra Dio, il Cristo e i cristiani: egli è il principio attivo e dinamico della κοινωνία»[15]. «Nella comunione di grazia con la Trinità si dilata l'"area vitale" dell'uomo, elevata al livello soprannaturale della vita divina. L'uomo vive in Dio e di Dio: vive "secondo lo Spirito" e "pensa alle cose dello Spirito"»[16].

1.1.2 La comunione ecclesiale

La κοινωνία, come partecipazione alla vita divina, si esprime e si verifica nella comunione ecclesiale. La comunione trinitaria, entrata nella storia degli uomini mediante l'opera del Figlio e dello Spirito, è manifestata dalla comunione di tutti coloro che rispondono, mediante la fede, alla chiamata di Dio. La comunità cristiana cioè è chiamata a vivere l'esperienza trinitaria per essere capace di testimoniare non un Dio astratto, ma un Dio vissuto e sperimentato. Per poter dire ad ogni uomo e in ogni tempo: la Trinità nella quale siamo e che è in noi e fra noi, la vita divina che abbiamo «visto, toccato, contemplato la annunciamo anche a voi, affinché pure voi siate in comunione con noi e con la vita divina»[17].

La comunione d'amore che lega il Figlio al Padre e agli uomini, è al tempo stesso il modello e la sorgente della comunione fraterna, che dovrà legare i discepoli tra loro: «I testi in καθώς che affermano una corrispondenza ontologica fra le persone divine e la comunità cristiana, sfociano precisamente in un comando: "Amatevi gli uni gli altri come io ho amato voi" (Gv 15,12; cf. 13,34); ovvero "Che essi siano uno come noi siamo uno" (Gv 17,21.22)»[18]. «Questa κοινωνία col Dio trinitario è la finalità dell'annuncio della buona novella, e si esprime nella comunione dei credenti tra loro: "Quello che abbiamo veduto e

---

[13] 1Gv 1,3.
[14] Cf. 2Cor 13,13.
[15] E. FRANCO, *Comunione e partecipazione*, 138.
[16] DeV 58.
[17] 1Gv 1,1-13.
[18] P. LE FORT, *Les structures de l'Église*, 172.

udito, noi lo annunciamo anche a voi, perché anche voi siate in comunione con noi" (1 Gv 1,2)»[19].

1.1.3 La Chiesa, sacramento di comunione

I due aspetti della κοινωνία – quello teologico della partecipazione alla vita divina e quello ecclesiale della comunione fraterna – sono dunque inseparabili secondo la fede e la prassi della Chiesa del Nuovo Testamento. Si deve anzi affermare che il rapporto tra i due è necessario al punto, che senza l'uno non si dà veramente neanche l'altro: «L'aspetto visibile non è che la manifestazione e la verifica della "comunione con il Padre e con il Figlio suo Gesù Cristo" [...]. La comunione con Dio fonda la comunione ecclesiale»[20].

In questa luce, la Chiesa è la κοινωνία dello Spirito Santo non solo nel senso di essere suscitata dalla sua azione nella partecipazione alla vita divina del Padre e del Figlio, ma anche perché in certo modo nella sua comunione fraterna ne è il volto reso visibile agli uomini, il segno irradiante nell'amore ovvero il «sacramento» della sua presenza e perciò della comunione trinitaria, offerta come grazia a tutti i popoli nel tempo della «raccolta» escatologica dell'Israele eletto e amato per sempre.

In questa prospettiva possiamo considerare la comunione come una realtà invisibile e trascendente, un rapporto d'amore che tende dinamicamente all'unità, sempre più compiutamente realizzata, degli uomini con Dio e degli uomini tra loro. Il Documento della Congregazione per la Dottrina della Fede *Communionis notio*, fa notare che

> affinché il concetto di *comunione*, che non è univoco, possa servire come chiave interpretativa dell'ecclesiologia, dev'essere inteso all'interno dell'insegnamento biblico e della tradizione patristica, nelle quali la *comunione* implica sempre una duplice dimensione: *verticale* (comunione con Dio) e *orizzontale* (comunione tra gli uomini). È essenziale alla visione cristiana della *comunione* riconoscerla innanzi tutto come dono di Dio, come frutto dell'iniziativa divina compiuta nel mistero pasquale. La nuova relazione tra l'uomo e Dio, stabilita in Cristo e comunicata nei sacramenti, si estende anche a una nuova relazione degli uomini tra di loro[21].

---

[19] B. FORTE, *La Chiesa della Trinità*, 160.
[20] P. C. BORI, *Koinonia*, 117.
[21] CN 3.

1.2 *Nella comunione nasce la comunità*

Nella comunità la comunione si avvera e si manifesta come dono gratuito dello Spirito Santo e come frutto dell'impegno, da parte dei cristiani, a vivere tra loro la vita trinitaria[22]. La comunione acquista così nella comunità una dimensione visibile, storica, comunitaria. Il Documento della Conferenza Episcopale Italiana *Comunione e comunità* (CC) ci offre una visione globale sullo stretto legame esistente tra comunità e vita di comunione. Il punto di partenza è sempre lo Spirito Santo che dona la fede ai credenti in Gesù, riunendoli in un solo corpo: «Così la comunione trinitaria, con la missione del Figlio e dello Spirito, entra nella storia degli uomini e si fa presente nel mondo»[23]. Questa presenza della comunione trinitaria fra gli uomini è realizzata dallo Spirito Santo «mediante la fede, nel cuore e nella vita di uomini concreti, viventi quotidianamente nella storia»[24]. È un passaggio molto importante perché ci aiuta a comprendere che la vita trinitaria è un dono che coinvolge ogni credente perché possa, a sua volta, comunicare agli altri il dono ricevuto. Gli uomini infatti «con le parole e con le opere, sono chiamati a farsi segno e strumento di fronte a tutti del mistero [trinitario] che portano dentro. Il mistero nascosto, allora, si rivela nei loro rapporti interpersonali, segnati dalla fede, dalla speranza e dalla carità»[25].

La comunione si esprime così nella valorizzazione della persona nella sua unicità e originalità, attraverso il dono reciproco della ricchezza dei beni di ciascuno[26]. Come nella prima comunità cristiana degli Atti degli Apostoli, così in ogni comunità cristiana il dono della comunione si esprime nella condivisione dei beni e nel dono reciproco che permette la vita fraterna. «La ricchezza e i beni di ciascuno nella comunità sono messi a disposizione di tutti, nel dono reciproco che esalta la fraternità, per cui l'uno è necessario all'altro, ciò che uno possiede completa quello che all'altro manca e ciascuno partecipa alla crescita comunitaria che tutti coinvolge e di tutti valorizza l'apporto»[27]. Il documento *Comunione e comunità* approfondisce in prospettiva trinitaria la vita di comunione che unisce i membri della comunità cristiana:

---

[22] Cf. LG 4; CC 14-15; ChL 8.
[23] CC 35.
[24] CC 35.
[25] CC 35.
[26] Cf. Ef 4,11-16; Rom 12,3-6.
[27] CC 35.

«La comunione del Padre che ha "mandato" nel mondo il Figlio e anima con il suo Spirito la storia umana, si mostra così nella comunione degli uomini tra loro. Essi formano la comunità cristiana, dando ai loro rapporti interpersonali basati sulla fede, sulla speranza e sulla carità, e tendenti all'edificazione dell'unico corpo del Signore, la forma di una aggregazione stabile di persone per la manifestazione storica, cioè visibile e rilevante nella sua continuità, della comunione»[28].

In questa linea, se consideriamo che fa parte della Chiesa riconoscere e promuovere dovunque la dignità dell'uomo, con tutta la ricchezza dei valori che ogni uomo porta con sé, «la comunità cristiana deve saper offrire a chiunque desidera diventarne membro un posto che non cancelli, ma elevi, nella partecipazione alla comunione divina, tutto l'umano che ne compone la personalità»[29]. In particolare nei documenti del Magistero, frutto della riflessione teologica post-conciliare e della successiva applicazione dell'insegnamento conciliare alle diverse realtà ecclesiali e situazioni «pastorali», troviamo espresso il fondamento trinitario-comunionale della comunione che circola tra i credenti nelle singole comunità ecclesiali.

Il documento *Comunione e comunità,* letto in questa prospettiva comunionale e trinitaria, offre numerosi apporti sul rapporto di comunione fra gli uomini alla luce della pericoresi trinitaria: «Quando diciamo comunione pensiamo a quel dono dello Spirito per il quale l'uomo non è più solo nè lontano da Dio, ma è chiamato ad essere parte della stessa comunione che lega fra loro il Padre, il Figlio e lo Spirito Santo, e gode di trovare dovunque, soprattutto nei credenti in Cristo, dei fratelli con i quali condivide il mistero profondo del suo rapporto con Dio»[30]. È nella Parola di Dio che il dono della comunione ci è svelato e comunicato: «Quello che abbiamo veduto e udito, noi lo annunziamo anche a voi, perché anche voi siate in comunione con noi. La nostra comunione è col Padre e col Figlio suo Gesù Cristo»[31]. Queste parole di S. Giovanni rivelano il mistero della comunione, la cui partecipazione è offerta all'uomo; «esse riassumono il progetto di Dio, che si attua nella storia con l'annuncio della fede e la comunione fra i credenti fondata sulla comunione trinitaria, perché null'altro è la Chiesa se non un "po-

---

[28] CC 36.
[29] CC 36.
[30] CC 14.
[31] 1Gv 1,3.

polo adunato nell'unità del Padre, del Figlio e dello Spirito Santo" (LG 4)»[32].

1.3 *La pericoresi, «cuore» della vita comunitaria*

La comunione nella comunità trova fondamento nella rivelazione che Dio ha fatto di sé, come Trinità, nel Cristo e nella possibilità che ci ha dato di partecipare alla sua stessa natura[33]. Fonte e modello della comunità è la Santissima Trinità. Come l'amore scambievole unisce il Padre e il Figlio nell'unità dello Spirito Santo, nella distinzione e nelle attribuzioni proprie delle Persone, così la comunità e quindi i suoi membri possono essere uniti nell'amore, per mezzo dello Spirito Santo effuso nel cuore dei credenti, nella ricchezza della diversità delle persone[34].

Il Padre, «fonte d'amore», gratuitamente chiama ogni uomo a partecipare alla sua vita e alla sua gloria. A questa partecipazione chiama l'uomo non singolarmente, ad uno ad uno, ma riunendo gli uomini in un solo Popolo, raccogliendoli in unità[35].

Il Figlio, recettività infinita, realizza nel tempo il progetto d'amore del Padre e, comunicando il suo Spirito, fa di tutte le genti il suo unico Corpo. Da Cristo tutto il Corpo riceve coesione e unità[36]. In questo senso Giovanni Paolo II nella *Christifideles Laici* afferma che

> la comunione dei cristiani con Gesù ha quale modello, fonte e meta la comunione stessa del Figlio con il Padre nel dono dello Spirito Santo: uniti al Figlio nel vincolo amoroso dello Spirito, i cristiani sono uniti al Padre [...]. Dalla comunione dei cristiani con Cristo scaturisce la comunione dei cristiani tra di loro: tutti sono tralci dell'unica vite che è Cristo. In questa comunione fraterna il Signore Gesù indica il riflesso meraviglioso e la misteriosa partecipazione all'intima vita d'amore del Padre, del Figlio e dello Spirito Santo[37].

---

[32] CC 16.
[33] Cf. DV 2; AG 2; LG 9; 13.
[34] Cf. UR 2.
[35] Cf. GS 1.
[36] Cf. Ef 2,18; 4,16; Col 2,19; Gv 11,52.
[37] ChL 18. Questo numero dell'Esortazione apostolica continua affermando: «Per questa comunione Gesù prega: "Tutti siano una cosa sola. Come tu, Padre, sei in me e io in te, siano anch'essi in noi una cosa sola, perché il mondo creda che tu mi hai mandato" (Gv 17,21). Tale comunione è il mistero stesso della Chiesa, come ci ricorda il Concilio Vaticano II, con la celebre parola di S. Cipriano: "La Chiesa universale

La GS a questo proposito ci fa notare che «il Signore Gesù quando prega il Padre perché "tutti siano una sola cosa, come io e te siamo una cosa sola", mettendoci davanti orizzonti impervi alla ragione umana, ci ha suggerito una certa similitudine fra l'unione delle persone divine e l'unione dei figli di Dio nella verità e nell'amore»[38].

Lo Spirito Santo, Consolatore e Paraclito che dall'eternità vincola l'unica e indivisa Trinità, inviato dal Padre nel nome del Figlio, ci insegna ogni cosa, ci ricorda tutto ciò che Gesù ci ha detto, ci conduce alla verità tutta intera e si effonde come vincolo di pace e come principio dinamico della varietà e dell'unità[39]. «Lo Spirito, unico e identico nel Capo e nelle membra, dà a tutto il Corpo la vita, l'unità e il movimento, così che i Santi Padri poterono paragonare la sua funzione con quella che esercita il principio vitale, cioè l'anima, nel corpo umano»[40].

Da quanto detto emerge chiaramente che l'unità e la vita di relazione che il modello trinitario ci propone, possono diventare un cammino di fede e costituire il continuo impegno di vita per ogni membro della comunità ecclesiale. Unità e relazione costituiscono così anche la struttura «dinamica» della stessa comunità. «Il "noi" divino costituisce il modello eterno del "noi" umano [...] comunità di persone per le quali il modo proprio di esistere e di vivere è la comunione»[41].

Nel capitolo precedente, tentando di comprendere la profondità della vita intima di Dio, abbiamo visto che nella Trinità Santissima ogni Persona è quello che è per la sua essenziale, intrinseca e irrinunciabile comunione. Proprio ciò che distingue il Padre, il Figlio e lo Spirito Santo, nella pericoresi diventa ciò che eternamente li congiunge. L'amore eterno, che li pervade e li costituisce, li unisce in una corrente vitale così infinita e completa che essi sono veramente uno[42].

Essere comunità, in questa prospettiva trinitaria, non è solo guardare alla Trinità Santissima: è anche guardare all'uomo con gli occhi di Dio e tentare di tradurre in relazioni umane, con vincoli nello Spirito, l'intimo dinamismo d'amore trinitario, per poter accogliere e custodire la «presenza» del Signore Gesù nel cuore della comunità[43]. «[Egli],

---

si presenta come un popolo adunato dall'unità del Padre, del Figlio e dello Spirito Santo" (LG 4)».
[38] GS 24.
[39] Cf. ChL 20; Gv 14,26; Gv 15,26-27; 20,20ss.
[40] LG 7.
[41] GIOVANNI PAOLO II, Lettera alle famiglie, 4.
[42] D. STANILOAE, La preghiera di Gesù, 73-74.
[43] Cf. Mt 18,20.

dove vede due o tre riuniti nella fede nel suo nome, va là ed è in mezzo a loro, attirato dalla loro fede e provocato dalla loro unanimità»[44]. In un altro celebre passo Origene afferma che «la concordia unisce e contiene il Figlio di Dio»[45]. Questa divina presenza costituisce la comunità nel suo essere: «[...] La comunità, come una vera famiglia unita nel nome del Signore, gode della sua Presenza. L'unità dei fratelli manifesta la venuta del Cristo e da essa promana una grande energia per l'apostolato»[46].

La comunità ecclesiale in questa prospettiva comunionale è chiamata ad incarnare la vita trinitaria. In questo modo la comunità non è semplice vita comune, nè solo una organizzazione, o una struttura, pur essendo anch'essa necessaria per il servizio all'unità; essa è un dono dello Spirito, realtà che appartiene alla Chiesa e al Regno di Dio[47]. È illuminante, a questo proposito, un passaggio del documento *Comunione e Comunità* che spiega eloquentemente il rapporto esistente tra il dono della comunione e la vita della comunità ecclesiale:

> Affinché la comunione possa realmente dar vita a una Comunità dei discepoli del Signore, occorre favorire un insieme di convinzioni, di atteggiamenti, di rapporti interpersonali che promuovano una vera cultura di comunione. Essa postula alcuni valori umani, quali l'attitudine al pensare insieme, alla condivisione dell'impegno, all'elaborazione comunitaria dei progetti pastorali, alla formulazione corretta di giudizi comuni sulla realtà dell'ambiente, all'adozione di forme di intervento in cui si esprima l'anima cristiana di tutta la Comunità interessata. La cultura di comunione, fondata sullo Spirito di comunione, produce una mentalità nuova del vivere ecclesiale e valorizza le risorse di tutti[48].

È un testo che ci aiuta a cogliere gli elementi essenziali che permettono a una comunità di essere tale, perché formata da membri che nonostante le loro diversità sono uniti dal desiderio e dall'impegno di attuare la vita trinitaria nelle loro relazioni, per esserne testimonianza e annuncio, spesso nella diversità dei doni e dei carismi, nella varietà dei ministeri e nelle caratteristiche proprie delle differenti culture, illuminate dal Vangelo. «Differenti persone, a volte di diversa nazionalità, partecipano della stessa missione e vita in intima fraternità. Sono, in que-

---

[44] ORIGENE, *Cant.* 1,3-4a; GCS 8,102.
[45] ORIGENE, *Comment. In Matth.*, XIV, 15; PG 13,1187.
[46] PC 15.
[47] Cf. CC 47.
[48] CC 63.

sto modo, eloquente testimonianza della vita di Dio trino nella Chiesa, della comunione ecclesiale, e agiscono da fermento di comunione tra gli uomini, e di compartecipazione dei beni di Dio»[49].

2. Comunità e Missione

Nel capitolo precedente abbiamo considerato l'assioma di K. Rahner, che ha dato una svolta alla teologia e all'antropologia: «la Trinità economica è la Trinità immanente». Questa tesi ci ha inoltrati nella profondità dell'evento salvifico che ha rivoluzionato la vita degli uomini: Dio Trinità si è manifestato nella storia degli uomini mostrando quali sono le intime relazioni che egli vive all'interno della vita trinitaria.

Continuando questa riflessione evidenziamo un ulteriore aspetto che cogliamo nella stessa vita di Dio. La comunione profonda vissuta nella Trinità, che abbiamo chiamato «pericoresi», è un dono del quale Dio stesso rende partecipe l'umanità intera. Ora, la comunità, come la Trinità, non tiene per sé l'esperienza di comunione e di amore che vive nel suo interno, ma lo espande per sua natura fuori di sé. L'amore che i fratelli si donano si riflette con una potenza straordinaria su tutti quelli che non fanno parte della comunità. E questo amore non è più quello di individui isolati, discordi e la cui carità non avrebbe che poca efficienza; è il comune amore di uomini che si sono incontrati: questo incontro ha sprigionato e divinizzato la loro forza d'amare, ha reso il loro cuore libero, ricco, inesauribile, ingegnoso[50].

Gli Atti degli Apostoli ci danno testimonianza della comunione che i primi cristiani vivevano. Essi erano infatti «un cuor solo e un'anima sola [...] e godevano la simpatia di tutto il popolo»[51]. Le prime comunità cristiane mostrano che la preghiera sacerdotale di Gesù al Padre «affinché tutti siano uno perché il mondo creda»[52] si è realizzata, storicizzata. Dal contesto della preghiera sacerdotale appare chiaramente che il «tutti» si riferisce ai discepoli della prima ora e ai futuri cristiani: «non soltanto per costoro prego, ma anche per coloro che crederanno mediante la loro parola»[53]. Gesù prega per quegli uomini che lungo i secoli accoglieranno la Parola degli inviati.

---

[49] *Puebla* 753.
[50] Cf. M. DEPELESSE, *Questa comunità*, 13.
[51] At 4,32; 2,47.
[52] Gv 17,21.
[53] Gv 17,20.

Gesù prega per l'unità della comunità cristiana, non direttamente per l'unità di tutti gli uomini; e chiede questo dono per i credenti, perché l'unità, appunto, è ciò che caratterizza la comunità nella sua vita intima di comunità escatologica. Ciò significa due cose: l'unità deve essere un'unità che abbraccia anche la storia, che congiunge i primi credenti con gli ultimi. Inoltre, l'unità che caratterizza la prima comunità, diviene normativa anche per le successive generazioni dei credenti[54]. Proprio per il fatto che susciterà la fede nel mondo lungo i secoli, questa unità non sarà un qualcosa di dato una volta per sempre, ma qualcosa che si verrà sempre facendo via via lungo il tempo[55]. Ora, l'unità dei credenti, radicata nell'unità divina espressa come mutua inabitazione del Padre nel Figlio e del Figlio nel Padre, si esprime nell'amore reciproco, un amore che abbiamo chiamato «comunione».

2.1 *Dalla comunione nasce la missione*

Dopo aver contemplato il mistero trinitario nel suo dinamismo di comunione e di relazione e aver visto in esso il fondamento e il modello della comunione ecclesiale, ci avviamo sulle «vie della missione» per esaminare il carattere essenzialmente comunitario e missionario della comunione. Come nella vita trinitaria la comunione delle Persone e la loro unità essenziale sono totalmente implicate nella missione del Figlio e dello Spirito, così analogamente nella Chiesa la comunione e l'unità sono totalmente implicate nell'azione missionaria[56]. La missione infatti presuppone una comunità unita, che si apra agli altri uomini nell'annuncio del Vangelo e chiami tutti a far comunione con coloro che hanno accolto la Parola di Dio nella fede e vivono un'esperienza di carità fraterna[57]. Missione e comunione si richiamano a vicenda. Tra

---

[54] Cf. D. MARZOTTO, *L'unità degli uomini*, 185.
[55] Cf. D. MARZOTTO, *L'unità degli uomini*, 185-186.
[56] Cf. B. FORTE, *La Chiesa della Trinità*, 326.
[57] È illuminante a questo proposito la RMi: «Lo Spirito spinge il gruppo dei credenti a "fare comunità", a essere Chiesa. Dopo il primo annunzio di Pietro il giorno di Pentecoste e le conversioni che ne seguirono, si forma la prima comunità (cf. At 2,42-47; 4,32-35). Uno degli scopi centrali della missione, infatti, è di riunire il popolo nell'ascolto del Vangelo, nella comunione fraterna, nella preghiera e nell'Eucaristia. Vivere la "comunione fraterna" (*koinonia*) significa avere "un cuor solo e un'anima sola" (At 4,32), instaurando una comunione sotto tutti gli aspetti: umano, spirituale, materiale. Difatti, la vera comunità cristiana è impegnata a distribuire i beni terreni, affinché non ci siano indigenti e tutti possano avere accesso a quei beni "secondo le necessità" (At 2,45; 4,35). Le prime comunità, in cui regnavano "la letizia e la sem-

esse vige un intimo rapporto perché sono dimensioni essenziali e costitutive dell'unico mistero della Chiesa[58]. «Il Verbo incarnato, mediante il suo Spirito, mentre accoglie nella comunità divina la Chiesa, la rende partecipe della missione di salvezza ricevuta dal Padre e in essa e per essa la realizza continuamente nella storia»[59]. «La presenza testimoniante della comunità è già di per se stessa una proclamazione silenziosa, ma forte e stimolante, della buona novella»[60]. S. Agostino dice: «Tu vedi la Trinità, se vedi la carità»[61]. L'essere comunità, cellula viva di Chiesa, intesa come vita della Trinità tra gli uomini e vita degli uomini come dinamica d'amore trinitario, è, dunque, realtà e segno di ciò che l'umanità tutta è chiamata a vivere. L'essere comunità si fa ministero nel servizio umile dei fratelli, nell'evangelizzazione dei Popoli e nell'edificazione della Chiesa, mistero di comunione[62].

Le due realtà, comunione e missione, in questa prospettiva diventano inscindibili, formano un'unica realtà, un unico impegno specifico: essere comunità per la missione *ad gentes*[63]. Il suo stesso essere comunità è per la missione[64]. «La vita di comunione diventa un segno per il mondo e una forza attrattiva che conduce a credere in Cristo [...]. In tal modo la comunione si apre alla missione, si fa essa stessa missione»[65]. Il Signore Gesù ha legato all'unità tra i suoi discepoli il valore della testimonianza e l'efficacia dell'annuncio: «Da questo tutti sapranno che siete miei discepoli, se avrete amore gli uni per gli altri»[66]. Nell'Esortazione apostolica *Christifideles Laici,* Giovanni Paolo II dedica un numero intero, nel contesto della responsabilità dei fedeli laici nella Chiesa-missione, alla «comunione missionaria». Riprendendo l'immagine biblica della vite e dei tralci, il Papa presenta la comunione con il Cristo, dalla quale deriva la comunione dei cristiani fra loro, come la condizione indispensabile per portare frutto.

---

plicità di cuore" (At 2,46), erano dinamicamente aperte e missionarie: "Godevano la stima di tutto il popolo" (At 2,47). Prima ancora di essere azione, la missione è testimonianza e irradiazione». RMi 26.

[58] Cf. AG 2.
[59] CC 2.
[60] CCM 35.
[61] S. AGOSTINO, *La Trinità,* 8,8,12; PL 958.
[62] Cf. Ef 4,12; 1Pt 2,15.
[63] Cf. ChL 32; Gv 17,21-23.
[64] Cf. EN 21.
[65] ChL 31.
[66] Gv 13,35.

La comunione genera comunione, e si configura essenzialmente come comunione missionaria [...]. La comunione e la missione sono profondamente congiunte tra loro, si compenetrano e si implicano mutuamente, al punto che la comunione rappresenta la sorgente e insieme il frutto della missione: la comunione è missionaria e la missione è per la comunione. È sempre l'unico e identico Spirito colui che convoca e unisce la Chiesa e colui che la manda a predicare il Vangelo «fino agli estremi confini della terra» (At 1,8). Da parte sua la Chiesa sa che la comunione, ricevuta in dono, ha una destinazione universale[67].

Il documento continua affermando che la Chiesa si sente debitrice all'umanità intera e a ciascun uomo del dono ricevuto dallo Spirito. La missione della Chiesa ha lo scopo di far conoscere e di far vivere a tutti la «nuova» comunione che nel Figlio di Dio fatto uomo è entrata nella storia del mondo. «In tal senso la testimonianza dell'evangelista Giovanni definisce oramai in modo irrevocabile il termine beatificante al quale punta l'intera missione della Chiesa: "Quello che abbiamo veduto e udito, noi lo annunciamo anche a voi, perché anche voi siate in comunione con noi. La nostra comunione è col Padre e col Figlio suo Gesù Cristo"»[68].

La comunità, nella sua tensione ad essere icona della Trinità, non tiene per sé l'esperienza d'amore che vive al suo interno, ma la espande, per sua natura, fuori di sé. È la vita trinitaria stessa che apre la comunità al rapporto con ogni singolo uomo e la dilata nella tensione ad abbracciare l'umanità intera, finchè il Figlio, per mezzo del quale tutto è uscito dalla Trinità Santissima e ad essa ritorna, sia tutto in tutti e, in Lei, tutti siano uno[69].

2.2 La Chiesa, mistero di comunione e missione

L'intimo rapporto fra comunione e missione viene evidenziato in particolare nel documento dell'Episcopato italiano *Comunione e comunità missionaria* (CCM). Il titolo del documento è molto significativo, in quanto vuol mettere in risalto che la capacità missionaria di una comunità è direttamente proporzionale alla sua capacità di vivere la comunione. Questo documento, fin dalla sua introduzione, vede la comunione e la missione come due misteri strettamente uniti, che si richiamano a vicenda. Infatti, si tratta di «dimensioni essenziali e costi-

---

[67] ChL 32.
[68] ChL 32.
[69] Cf. Gv 1,3; Col 3,11.

tutive dell'unico mistero della Chiesa: il Verbo incarnato, mediante il suo Spirito, mentre accoglie nella divina comunità la Chiesa, la rende partecipe della missione di salvezza ricevuta dal Padre e in essa e per essa la realizza continuamente nella storia»[70]. Tale lettura di comunione della Chiesa e della sua stessa missione è sviluppata all'interno di una nuova visione ecclesiologica che affonda le sue radici nel mistero trinitario[71].

La centralità della vita comunitaria, come fondamento della stessa missione, è espressa in maniera molto chiara laddove CCM afferma che proprio «la comunione è la prima forma della missione»[72]. In tutto il documento emerge con forza e con chiarezza che la vita di comunione, il vivere insieme è il grande dono fatto da Dio agli uomini e che la Chiesa, attraverso la missione, lo offre e lo propone al mondo. L'annuncio è personale, ma parte da una comunione, propone una comunione e termina in una comunione: «Il mistero di comunione che fa della Chiesa un "popolo adunato nell'unità del Padre, del Figlio e dello Spirito Santo" è sorgente di missione. Lo attesta l'apostolo Giovanni: "Quello che abbiamo veduto e udito, noi lo annunziamo anche a voi, perché anche voi siate in comunione con noi. La nostra comunione è col Padre e col Figlio suo Gesù Cristo" (1Gv 1,3). Lo testimonia la vita delle prime comunità apostoliche. La comunione che circola in essa sospinge i nuovi credenti sulle vie della missione»[73]. CCM fa propria l'esperienza di Giovanni e la propone come modello che la Chiesa e il cristiano debbono vivere ed imitare annunciando la Buona Novella a tutti gli uomini. Solo una vita di comunità autentica è sorgente di vera azione missionaria e solo la sua presenza può garantire una evangelizzazione efficace, attraverso la testimonianza forte e stimolante della buona novella[74], come ha indicato Giovanni Paolo II, nel Convegno ecclesiale della Chiesa italiana, svoltosi a Loreto nel 1985[75].

---

[70] CCM 3; questa citazione è presa da CC 2.
[71] A Loreto, nel Convegno della Chiesa Italiana del 1985, B. Forte ha sottolineato fortemente l'origine trinitaria della Chiesa e quindi la necessità di vivere questa dimensione pienamente nella stessa Chiesa italiana. Cf. B. FORTE, *Il cammino della Chiesa in Italia*, 96-98.
[72] CCM 15.
[73] CCM 12.
[74] Cf. CCM 34-35
[75] «La verità di Cristo domanda di essere realizzata nell'amore per condurre in tal modo alla fraternità. Nella sua essenza profonda essa è, infatti, manifestazione dell'amore e solo nella concreta testimonianza dell'amore può trovare la sua piena

Proprio con l'intento di sottolineare l'importanza testimoniante della comunità, CCM propone, come icona paradigmatica di comunione, la Chiesa di Gerusalemme. In essa si vive tutta la rete di relazioni di una autentica comunione che deve caratterizzare profondamente ogni comunità cristiana: la comunione con la Trinità; la comunione eucaristica; la comunione fraterna; la comunione dei beni[76]. Solo la presenza contemporanea di queste relazioni di comunione attira la benedizione di Dio ed incontra il favore e la stima del popolo, creando in esso il desiderio di farvene parte. La testimonianza della comunità in qualsiasi azione missionaria e di evangelizzazione è quindi fondamentale. Se la comunità manca o non è realizzata pienamente, le parole sono prive di ogni forza e credibilità perché non «mostrano» l'effetto visibile della loro verità ed efficacia[77]. Al contrario, la presenza della comunità non solo rende trasparente la salvezza, ma diventa elemento decisivo per la salvezza di altre persone: il cristianesimo agli occhi del convertito si presenta innanzitutto come la scoperta di una Buona Novella che riguarda proprio «lui» e che impegna tutta la sua esistenza. Nella breccia scavata dalla miseria e dal peccato, egli ha intravisto la «salvezza». Questa salvezza viene scoperta, a volte nella Scrittura, a volte nella predicazione della Chiesa, ma molto spesso in una *vita cristiana vissuta*. Quello che è veramente decisivo per chi si converte è l'incontro e il confronto con la testimonianza di una vita radicata nel Cristo, che a volte è accompagnata da un annuncio del Vangelo, privo di qualsiasi contenuto intellettuale. «Nello spettacolo di una vita cristiana autentica, di una "comunità" che conduce una vita di preghiera e di carità, la salvezza gli è diventata trasparente. Non afferma la esistenza della salvezza come la conclusione di un ragionamento, ma la vede in esercizio davanti a lui».[78]

---

credibilità. Perciò le comunità cristiane sono chiamate ad essere luoghi in cui l'amore di Dio per gli uomini può essere in qualche modo sperimentato e quasi toccato con mano. La sete di autenticità che, proprio a causa della presente "cultura del sospetto", è particolarmente viva nel cuore degli uomini, rende acuta l'esigenza di simili comunità: esse appaiono la via maestra per ricondurre il nostro popolo all'appartenenza piena alla Chiesa e alla adesione integrale alle verità della fede». GIOVANNI PAOLO II, Allocuzione, *A tutti il mio saluto* al II Convegno Ecclesiale di Loreto (11 aprile 1985), in: CEI, *Riconciliazione cristiana*, 96-98.

[76] Cf. CC 35.
[77] Cf. G.P. PALADINI, *La teologia della Missione*, 107-108.
[78] R. LATOURELLE, «La sainteté», 47.

2.3 «Una cosa sola perché il mondo creda»

Il dinamismo missionario della Chiesa, fondato sulla comunione trinitaria ci fa intravedere in una nuova luce e in prospettiva diversa il mandato missionario che il Signore Gesù ha lasciato alla sua Chiesa: «Andate dunque ed ammaestrate tutte le nazioni, battezzandole nel nome del Padre e del Figlio e dello Spirito Santo, insegnando loro ad osservare tutto ciò che vi ho comandato»[79]. L'evangelizzazione ha sempre fatto leva principalmente su questo mandato missionario, trasmessoci da Matteo, dove l'accento veniva posto prevalentemente sulla parola da annunciare. Oggi, nella rinnovata ecclesiologia di comunione, viene maggiormente in luce quello che è chiamato il «mandato missionario di Giovanni», riconosciuto nella preghiera di Gesù al Padre, nella quale testimonianza di comunione e annuncio evangelico sono strettamente collegati. «Siano in noi una cosa sola, perché il mondo creda che tu mi hai mandato»[80]; «siano perfetti nell'unità, affinché il mondo creda che tu mi hai mandato»[81]. Tillard, presentando questi due modelli di evangelizzazione, così scrive a proposito della testimonianza:

> Questo tipo di evangelizzazione, testimoniata nel NT è più comunitaria. La si può caratterizzare come l'opzione dell'evangelista Giovanni. In essa l'accento non si pone su un movimento *ad extra*, ma piuttosto sulla qualità interna della stessa comunità ecclesiale. Tale comunità deve essere «amabile», cioè deve manifestare, per la qualità stessa della sua vita evangelica, la verità della sua preghiera liturgica; per il mutuo aiuto fraterno e per la serietà del suo impegno con i grandi problemi umani, deve manifestare la forza vivificatrice del Vangelo. È il significato delle espressioni *«che siano una cosa sola»*, e *«amatevi gli uni gli altri»* della tradizione giovannea. È anche lo stile di alcuni brevi testi inclusi nei primi capitoli degli Atti degli Apostoli. In questa via di evangelizzazione, la trasmissione di fede si realizza per una specie di contagio.[82]

Il mandato missionario di Matteo e quello di Giovanni non sono chiaramente da porre in antitesi. Sono due dimensioni evangeliche tra loro inscindibili: la parola deve poggiare sulla testimonianza di unità della comunità che annuncia e la testimonianza di vita deve saper farsi parola per dire esplicitamente la fede che la anima. La comunità deve

---

[79] Mt 28,19-20
[80] Gv 17,21.
[81] Gv 17,23.
[82] J.M.R. TILLARD, «Dos modos de evangelizar», 324-325.

poter mostrare la verità nell'opera di Cristo. Mentre dice a parole che Cristo è morto per la riconciliazione degli uomini con Dio e tra loro, dando vita ad un'umanità nuova, dovrebbe mostrare questa verità mediante il proprio modo di vivere. La comunità deve mostrare in sé che la riconciliazione e l'unità operata da Cristo sono una verità.

La preghiera di Gesù esprime anche il desiderio che i discepoli prendano coscienza della legge trinitaria che sta alla base dei loro rapporti, e che Cristo stesso ha donato all'umanità. Cioè tra colui che parla e colui che ascolta, tra colui che dà e colui che riceve deve esistere la stessa reciprocità di dono che caratterizza la comunione del Padre e del Figlio. Questo mette in luce qual è la struttura profonda, il fondamento più vero delle relazioni reciproche tra i cristiani e cioè la realtà stessa di Dio e la sua iniziativa nei riguardi dell'uomo[83]. L'unità ha valore in sé. Essa costituisce il fine diretto del pregare di Gesù, perché rappresenta il bene per eccellenza della comunità escatologica. In questa prospettiva i credenti non devono «essere uno perché il mondo creda», come se l'unità fosse un semplice mezzo per un fine superiore. Essi devono «essere uno» perché l'unità è la realtà profonda del loro essere comunione. Allo stesso tempo però, proprio questa realtà è la condizione necessaria perché il mondo creda. La fede del mondo è possibile soltanto se si realizza il fine primo: l'unità della comunità.

Diventa chiaro allora che non si può separare l'invio nel mondo dalla stessa vita della comunità: la comunità è missionaria per sua natura. Essa è missionaria nella misura in cui vive la sua propria identità. «La comunità nel suo "essere uno" è in se stessa l'irradiazione al di fuori di sé del Mistero che la abita e la custodisce»[84].

La parola deve essere quindi necessariamente suffragata dalla testimonianza di unità. A questo proposito Paolo VI nell' *Evangelii nuntiandi* scriveva che

la forza dell'evangelizzazione risulterà molto diminuita se coloro che annunciano il Vangelo sono divisi tra di loro da tante specie di rottura [...]. Il testamento spirituale del Signore ci dice che l'unità tra i suoi seguaci non è soltanto la prova che noi siamo suoi, ma anche che egli è l'inviato del Pa-

---

[83] « [...] Nella comunione fraterna il Signore Gesù indica il riflesso meraviglioso e la misteriosa partecipazione all'intima vita d'amore del Padre, del Figlio e dello Spirito Santo. Per questa comunione Gesù prega: "Tutti siano una sola cosa. Come tu, Padre, sei in me e io in te, siano anch'essi in noi una sola cosa, perché il mondo creda che tu mi hai mandato" (Gv 17,21)». ChL 18.

[84] G. ROSSÉ, «Il pensiero giovanneo sull'unità», 18.

dre, criterio di credibilità dei cristiani e del Cristo medesimo. In quanto evangelizzatori, noi dobbiamo offrire ai fedeli di Cristo l'immagine non di uomini divisi e separati da litigi che non edificano affatto, ma di persone mature nella fede, capaci di ritrovarsi insieme al di sopra delle tensioni concrete, grazie alla ricerca comune, sincera e disinteressata della verità. Sì, la sorte dell'evangelizzazione è certamente legata alla testimonianza di unità data dalla Chiesa[85].

La riscoperta e la valorizzazione del mandato missionario giovanneo risponde all'esigenza dell'uomo e della Chiesa di oggi. Infatti, come ricorda la *Redemptoris missio,* riprendendo il messaggio dell'*Evangelii nuntiandi*, «l'uomo contemporaneo crede più ai testimoni che ai maestri, più all'esperienza che alla dottrina, più alla vita e ai fatti che alle teorie»[86]. Ma soprattutto, il mandato missionario di Giovanni risponde alla natura stessa del messaggio che la Chiesa è chiamata ad annunciare: un Dio Trinità, che vive la comunione nell'amore e che vuole trasmettere a tutti gli uomini la propria vita di comunione. Il Regno di Dio, alla cui costruzione la Chiesa è chiamata a lavorare, è modellato sulla mutua immanenza delle tre divine Persone.

Il mandato missionario di Giovanni emerge anche nell'Enciclica di Giovanni Paolo II sulla missione: «Giovanni è il solo a parlare esplicitamente di *mandato* – parola che equivale a *missione* – collegando così direttamente la missione che Gesù affida ai suoi discepoli con quella che egli stesso ha ricevuto dal Padre: *"Come il Padre ha mandato me, così anch'io mando voi"* (Gv 20,21). Gesù dice rivolto al Padre: *"Come tu mi hai mandato nel mondo, anch'io li ho mandati nel mondo"* (Gv 17,18)»[87]. Tutto il senso missionario del Vangelo di Giovanni – continua il Papa – si trova espresso nella preghiera sacerdotale: la vita eterna è che «conoscano te, l'unico vero Dio, e colui che hai mandato, Gesù Cristo»[88]. «Scopo ultimo della missione è di far partecipare della comunione che esiste tra il Padre e il Figlio: i discepoli devono vivere l'unità tra loro, rimanendo nel Padre e nel Figlio, perché il mondo conosca e creda (Cf. Gv 17,21-23). È, questo, un significativo testo missionario, il quale fa capire che si è missionari prima di tutto per ciò che

---

[85] EN 77.
[86] RMi 42.
[87] RMi 23.
[88] Gv 17,3. Cf. RMi 23.

si è come chiesa che vive profondamente l'unità nell'amore, prima di esserlo per ciò che si dice o si fa»[89].

La Preghiera di Gesù al Padre, nel capitolo 17 di Giovanni, con il mandato missionario che essa contiene, fornisce un'ampia prospettiva per lo sviluppo teologico e missionario dell'analogia tra il rapporto interpersonale umano e quello trinitario, che sta alla base della partecipazione di ogni uomo alla vita intima di Dio. De Margerie esprime con chiarezza questa posizione quando afferma: «L'unità del Padre e del Figlio nel "noi" dello Spirito Santo è la causa esemplare, efficiente, finale dell'unità dei cristiani nel 'noi' della Chiesa»[90]. Anche il Vaticano II, come abbiamo visto nella GS, fa propria l'impostazione analogica interpersonale: «Il Signore Gesù – quando prega il Padre "perché tutti siano uno" (Gv 17, 21-22) – mettendoci davanti orizzonti impervi per la ragione umana, ci ha suggerito una certa similitudine tra l'unione delle Persone divine e l'unione dei figli di Dio nella verità e nella carità»[91]. N. Silanes commenta così questo concetto: «Il Concilio riconosce il carattere ontologico della comunione degli uomini, con il Padre e il Figlio e altresì come fondamento di una vita di comunione fraterna, similmente alla vita di comunione fra le tre Persone»[92].

Giovanni Paolo II riprende con forza questo parallelo fra il mistero dell'unità della Chiesa e il suo supremo modello e principio nell'unità della Trinità delle Persone:

> Le relazioni che distinguono il Padre, il Figlio e lo Spirito Santo, e che li rivolgono realmente l'uno verso l'altro nel loro stesso essere, possiedono in se stesse tutte le ricchezze di luce e di vita della natura divina, con la quale esse si identificano totalmente. Sono relazioni *sussistenti*, che in forza del loro slancio vitale si fanno l'una incontro all'altra in una comunione nella quale la totalità della persona è apertura all'altra, paradigma supremo della sincerità e della libertà spirituale a cui devono tendere le relazioni interpersonali umane, sempre assai lontane da tale trascendente modello[93].

Alla luce di tale trascendente modello trinitario comprendiamo la profondità del mandato missionario trasmessoci da Giovanni, che pone la Chiesa nella dimensione dell'annuncio *ad gentes* della comunione trinitaria, alla quale ogni uomo sulla terra è chiamato a partecipare e a

---

[89] RMi 23.
[90] B. de MARGERIE, *Le Trinité chrétienne*, 391.
[91] GS 24.
[92] N. SILANES, «Ecclesia de Trinitate», 7.
[93] GIOVANNI PAOLO II, «Catechesi sul Mistero di Dio», 4.

vivere e sulla quale si fondano le relazioni interpersonali umane. L'obiettivo dell'annuncio missionario è, allora, in continuità con la missione di Cristo, l'attuazione della *koinonia* trinitaria tra gli uomini.

3. La comunità nell'edificazione della Chiesa locale

Da quanto è emerso finora possiamo sottolineare che la comunità, vivendo al suo interno la dinamica comunionale-trinitaria, diventa una comunità che evangelizza, che testimonia, con la propria vita e l'unità dei membri, l'amore di Dio che «cerca» l'uomo per renderlo partecipe della sua stessa vita divina[94]. Ne consegue che «una vita di comunione, che non si apra alla missione è ambigua; una missione che non sia vivificata dalla comunione è equivoca»[95].

Vogliamo quindi focalizzare, nel contesto della missione *ad gentes*, lo stretto rapporto di comunione, di relazione che deve sussistere tra la nascente Chiesa locale, che accoglie la comunità evangelizzatrice nel suo contesto territoriale, e questa comunità che dona, attraverso la vita dei suoi membri, la testimonianza della vita di comunione, in quello scambio pericoretico che diventa annuncio, comunione missionaria.

3.1 *Il contesto: la missione ad gentes*

La missionarietà *ad gentes* della comunità evangelizzatrice si esprime nell'annuncio del Vangelo tra i popoli che non hanno ancora conosciuto il Cristo[96] e che spesso vivono in situazioni di estrema povertà materiale, morale, spirituale e tra quei popoli in cui la Chiesa è giovane ed ha ancora bisogno dell'aiuto fraterno di altre Chiese sorelle. L'Enciclica *Redemptoris Missio* ribadisce che la missione della Chiesa «è unica, avendo la stessa origine e finalità»[97]. Allo stesso tempo vi sono delle differenze, nell'attività all'interno dell'unica missione della Chiesa, che nascono non da ragioni intrinseche alla missione stessa, ma dalle diverse circostanze in cui essa si svolge[98]. Giovanni Paolo II evidenzia, dal punto di vista dell'evangelizzazione, tre situazioni differen-

---

[94] TMA 8.
[95] CCM 18.
[96] «Infatti, la chiesa "non può sottrarsi *alla missione permanente di portare il Vangelo* a quanti – sono milioni e milioni di uomini e donne – ancora non conoscono Cristo, redentore dell'uomo. È questo il compito più specificamente missionario che Gesù ha affidato e quotidianamente affida alla sua chiesa"(ChL 35)». Cf. RMi 31.
[97] RMi 31.
[98] Cf. RMi 33.

ti: la missione «*ad gentes*» propriamente detta; la «cura pastorale» della Chiesa e la «nuova evangelizzazione» o «rievangelizzazione» nei paesi di antica cristianità[99].

Il nostro lavoro si inserisce in modo specifico nell'analisi del rapporto tra la comunità evangelizzatrice e la Chiesa locale nella missione *ad gentes*.[100] Pertanto consideriamo come destinatari della missione *ad gentes*, in sintonia con la RMi, i «popoli, gruppi umani, contesti socio-culturali in cui Cristo e il suo Vangelo non sono conosciuti, o in cui mancano comunità cristiane abbastanza mature da poter incarnare la fede nel proprio ambiente e annunziarla ad altri gruppi. È questa, propriamente, la missione *ad gentes*»[101]. La chiarezza della RMi ci aiuta a comprendere la missione *ad gentes* nel contesto più ampio dell'unica missione della Chiesa e l'urgenza di tale missione in modo da «non perdere la tensione per l'annunzio e per la fondazione di nuove chiese presso popoli o gruppi umani, in cui non esistono, poiché questo è il compito primo della Chiesa che è inviata a tutti i popoli, fino agli ultimi confini della terra»[102].

Lo scopo dell'attività missionaria *ad gentes*, sempre secondo quanto viene indicato nella RMi, «non è nè più nè meno che la manifestazione, o epifania, e la realizzazione del disegno di Dio nel mondo e nella storia, nella quale Dio, proprio mediante la missione, attua all'evidenza la storia della salvezza»[103]. La peculiarità della missione *ad gentes* quindi è costituita dall'annuncio del Vangelo ai non cristiani, dalla edificazione di chiese locali autosufficienti e dalla promozione umana.

---

[99] Cf. RMi 33.
[100] L'Enciclica evidenzia questo contesto missionario *ad gentes* in modo sintetico e completo. «L'attività missionaria specifica, o missione *ad gentes*, ha come destinatari "i popoli e i gruppi che ancora non credono in Cristo", "coloro che sono lontani da Cristo", tra i quali la Chiesa "non ha ancora messo radici"(AG 6) e la cui cultura non è stata ancora influenzata dal Vangelo. Essa si distingue dalle altre attività ecclesiali, perché si rivolge a gruppi e ambienti non cristiani per l'assenza o l'insufficienza dell'annunzio evangelico e della presenza ecclesiale. Pertanto, si caratterizza come opera di annunzio del Cristo e del suo Vangelo, di edificazione della Chiesa locale, di promozione dei valori del Regno. La peculiarità di questa missione *ad gentes* deriva dal fatto che si rivolge ai non cristiani. Occorre, perciò, evitare che tale compito più specificamente missionario, che Gesù ha affidato e quotidianamente riaffida alla sua Chiesa, subisca un appiattimento nella missione globale di tutto il popolo di Dio e, quindi, sia trascurato o dimenticato». RMi 34.
[101] RMi 33.
[102] RMi 34.
[103] RMi 41.

CAP. III: COMUNITÀ PER LA MISSIONE *AD GENTES*

Nel n. 48 della RMi si sviluppa quanto detto precedentemente nel n. 41, riguardo all'attività missionaria che mira alla realizzazione del disegno di Dio nel mondo e nella storia. Si comprende meglio qual è questo disegno di Dio e vi ritroviamo ancora una volta il fondamento trinitario della missione.

La conversione e il battesimo immettono nella Chiesa, dove già esiste, o richiedono la costituzione di nuove comunità che confessano Gesù Salvatore e Signore. Ciò fa parte del disegno di Dio, a cui è piaciuto «di chiamare gli uomini a partecipare della sua stessa vita non tanto ad uno a uno, ma di riunirli in un popolo, nel quale i suoi figli dispersi si raccogliessero in unità» (AG 2; Cf. AG 9). La missione *ad gentes* ha qusto obiettivo: fondare comunità cristiane, sviluppare Chiese fino alla loro completa maturazione[104].

Giovanni Paolo II insiste nel definire questo obiettivo una «meta centrale e qualificante dell'attività missionaria, al punto che questa non si può dire esplicata finchè non riesce a edificare una nuova Chiesa particolare, normalmente funzionante nell'ambiente locale»[105]. L'Enciclica continua evidenziando che dopo il Concilio Vaticano II, che nel Decreto *Ad Gentes* ha ampiamente trattato del tema delle Chiese particolari[106], si è sviluppata una linea teologica per sottolineare che «tutto il mistero della Chiesa è contenuto in ciascuna Chiesa particolare, perché questa non si isoli, ma rimanga in comunione con la Chiesa universale e si faccia, a sua volta, missionaria»[107]. In questo lavoro missionario e pastorale «è necessario, anzitutto, cercare di stabilire in ogni luogo

---

[104] RMi 48.

[105] RMi 48. In questa prospettiva è interessante cogliere l'uso del termine «edificare» in S. Paolo. «Negli scritti paolini οἰκοδομεῖν indica anche un'importante funzione dello Spirito di Dio nella comunità: οἰκοδομεῖσθαι è infatti quasi un termine tecnico per indicare il processo di crescita e di avanzamento storico-salvifico della comunità. In questo senso il concetto di "edificazione" appare già nei primi scritti paolini [...]». In «1 Tess 5,11: "perciò consolatevi gli uni gli altri ed edificatevi l'un l'altro, come del resto fate". La consolazione pastorale e fraterna del singolo è il modo in cui questi partecipa all'edificazione della comunità e all'avanzamento, alla crescita spirituale del fratello. Il singolo dà il suo contributo alla "costruzione" della comunità in quanto accoglie la consolazione del Vangelo e la trasmette ad altri. [...] Ogni singolo cristiano collabora alla "costruzione" e alla edificazione, perché si tratta, in fondo, dell'opera propria di Dio o di Cristo». O. MICHEL, «Οἰκοδομέο», 396-397.

[106] Cf. AG 19-22.

[107] RMi 48.

comunità cristiane, che siano "segno della presenza divina nel mondo"(AG 15) e crescano fino a diventare Chiese»[108].

La RMi richiama quindi al grande lavoro di edificazione e di sviluppo della Chiesa che rimane da compiere in vaste aree del mondo in cui le Chiese locali sono del tutto assenti o insufficienti rispetto alla vastità del territorio e alla densità della popolazione: «Questa fase della storia ecclesiale, detta *plantatio ecclesiae* non è terminata, anzi in molti raggruppamenti umani deve ancora iniziare. La responsabilità di tale compito ricade sulla Chiesa universale e sulle Chiese particolari, su tutto il popolo di Dio e su tutte le forze missionarie»[109]. La prospettiva comunitaria e missionaria che emerge da questa visione sulla formazione delle Chiese locali, che l'Enciclica di Giovanni Paolo II ci propone, è molto importante. Ogni Chiesa – spiega il Papa – anche quella formata da neoconvertiti, è per sua natura missionaria, «è evangelizzata ed evangelizzante, e la fede va sempre presentata come dono di Dio da vivere in comunità (famiglie, parrocchie, associazioni) e da irradiare all'esterno sia con la testimonianza di vita che con la parola»[110].

È un testo che contiene delle indicazioni preziose che fanno risuonare in questo contesto l'esperienza comunitaria della Chiesa nascente che il libro degli Atti degli apostoli ci presenta, dove veramente la fede in Gesù Cristo è stata accolta come un dono di Dio nello Spirito Santo: dono da vivere in comunità e da irradiare all'esterno[111].

Questo numero della RMi, che riteniamo importante per il nostro lavoro, si conclude con l'inserimento delle forze missionarie provenienti da altre Chiese e paesi, che devono operare in comunione con le Chiese locali per lo sviluppo della comunità cristiana. In particolare, «tocca ad esse – sempre secondo le direttive dei Vescovi e in collaborazione con i responsabili del posto – promuovere la diffusione della fede e l'espansione della Chiesa negli ambienti e nei gruppi non cristiani, animare in senso missionario le Chiese locali, cosicchè la preoccupa-

---

[108] RMi 49.
[109] RMi 49.
[110] RMi 49.
[111] «L'azione evangelizzatrice della comunità cristiana, prima sul proprio territorio e poi altrove come partecipazione alla missione universale, è il segno più chiaro della maturità della fede. Occorre un radicale cambiamento di mentalità per diventare missionari, e questo vale sia per le persone sia per la comunità. Solo diventando missionaria la comunità cristiana potrà superare divisioni e tensioni interne e ritrovare la sua unità e il suo vigore di fede». RMi 49.

zione pastorale sia sempre abbinata a quella per la missione *ad gentes*»[112].

3.2 *L'inserimento nella Chiesa locale*

Nel contesto della missione *ad gentes* e di una Chiesa locale che deve nascere o che ancora non vive un'esperienza di sufficiente cammino nella fede, la comunità evangelizzatrice si inserisce come un nucleo fondamentale, una cellula chiamata ad essere testimonianza della vita trinitaria, attraverso la vita di comunione vissuta dai suoi membri, per essere annuncio della vita divina. Come afferma Giovanni Paolo II nella RMi «è necessario, anzitutto, cercare di stabilire in ogni luogo comunità cristiane, che siano "segno della presenza divina nel mondo" e crescano fino a divenire Chiese»[113].

Crediamo che questa visione sia fondamentale ed è quanto ci apprestiamo a dimostrare con il presente lavoro: per poter edificare le Chiese locali, facendo nascere comunità cristiane mature che possano essere segno della presenza del Signore nel territorio missionario *ad gentes,* occorre che l'evangelizzazione sia fatta a partire da una comunità evangelizzatrice che vive già con la «Presenza del Signore» e che diventa annuncio e testimonianza di questa «Presenza» per quanti ancora non conoscono Gesù Cristo. Una comunità, quindi, che vive al suo interno l'amore trinitario e che evangelizza in questa prospettiva comunionale-trinitaria.

> Alle sue origini, [...] la missione è vista come un impegno comunitario e una responsabilità della Chiesa locale, che ha bisogno appunto di "missionari" per spingersi verso nuove frontiere. Accanto a quelli inviati ce ne erano altri, che testimoniavano spontaneamente la novità che aveva trasformato la loro vita e collegavano poi le comunità in formazione alla chiesa apostolica. La lettura degli *Atti* ci fa capire che all'inizio della chiesa la missione *ad gentes* pur avendo anche missionari «a vita» che vi si dedicavano per una speciale vocazione, era di fatto considerata come il frutto normale della vita cristiana, l'impegno per ogni credente mediante la testimonianza personale e l'annunzio esplicito, quando possibile[114].

L'inserimento nella fondazione della Chiesa locale avrà quindi questa caratteristica «pericoretica» nel senso di comunionalità vissuta in

---

[112] RMi 49.
[113] RMi 49.
[114] RMi 27.

tutti gli ambiti toccati dall'inserimento. Ne prendiamo in esame alcuni che riteniamo essenziali.

3.2.1 La comunione con il Pastore della Chiesa locale e l'assunzione della vita pastorale

L'inserimento nei paesi di primo annuncio o nelle giovani chiese è caratterizzato dalla comunione con la Chiesa locale, in particolare con il Vescovo, segno di unità e fulcro della comunione dell'intera chiesa particolare[115]. La comunità, svolgendo il suo compito di evangelizzazione, si inserisce e imposta la pastorale in comunione con il cammino diocesano, assumendo l'animazione delle comunità ecclesiali di base[116], l'animazione comunitaria e missionaria, i servizi di promozione umana, la formazione dei catechisti e dei responsabili dei gruppi; la formazione umano-cristiana delle diverse categorie di persone, favorendo la nascita di ministeri e carismi[117]. La comunità evangelizzatrice potrà svolgere questo ministero apostolico nella misura in cui vivrà la

---

[115] Giovanni Paolo II, nell'Esortazione apostolica post-sinodale *Pastores gregis* (PaG) sul Vescovo servitore del Vangelo di Gesù Cristo per la speranza del mondo (del 16 ottobre 2003, XXV anniversario della elezione al Pontificato), colloca il ministero episcopale nell'ecclesiologia di comunione e di missione: «[...] Vivendo come uomini di speranza e rispecchiando nel proprio ministero l'ecclesiologia di comunione e di missione, i Vescovi saranno davvero motivo di speranza per il loro gregge». PaG 5. Nel numero 7 il Papa tratta del fondamento trinitario del ministero episcopale: «La dimensione cristologica del ministero pastorale, considerata in profondità, avvia alla comprensione del fondamento trinitario del ministero stesso. La vita di Cristo è trinitaria. Egli è il Figlio eterno e unigenito del Padre e l'unto di Spirito Santo, mandato nel mondo; è Colui che, insieme col Padre, invia lo Spirito alla Chiesa. Questa dimensione trinitaria, che si manifesta in tutto il modo d'essere e di agire del Cristo, plasma anche l'essere e l'agire del Vescovo. A ragione quindi i Padri Sinodali hanno esplicitamente voluto illustrare la vita e il ministero del Vescovo alla luce dell'ecclesiologia trinitaria contenuta nella dottrina del Concilio Vaticano II».

[116] L'evangelizzazione nella chiesa locale viene alimentata dalle «comunità ecclesiali di base» che vengono definite nella RMi «centri di formazione e di irradiazione missionaria. [...] In esse il singolo cristiano fa un'esperienza comunitaria, per cui anch'egli si sente un elemento attivo, stimolato a dare la sua collaborazione all'impegno di tutti. In tal modo esse sono strumento di evangelizzazione e di primo annuncio e fonte di nuovi ministeri [...]. Poiché la Chiesa è comunione, le nuove comunità di base, se veramente vivono in unità con la Chiesa, sono una vera espressione di comunione e mezzo per costruire una comunità più profonda. Perciò sono motivo di grande speranza per la vita della Chiesa». RMi 51.

[117] Cf. RMi 71-72.

CAP. III: COMUNITÀ PER LA MISSIONE *AD GENTES* 109

comunione con i propri Pastori, «animatori di una spiritualità di comunione e di missione»[118].

Così come nella Santissima Trinità il Figlio realizza ogni aspettativa del Padre, secondo quello scambio reciproco di accoglienza e di dono nello Spirito Santo, la comunità, vivendo in comunione con il Pastore della porzione di Popolo di Dio alla quale è stata inviata, vivrà la missionarietà pienamente inserita nel «corpo ecclesiale». La comunità, in virtù della propria vita di comunione e di relazione ad immagine della Trinità, diventa quel sostegno comunionale che permette al Vescovo di esercitare la carità pastorale, intimamente connessa con il suo ministero apostolico e finalizzata a creare la comunione[119].

La vita di comunione che circola tra i membri della comunità fa sì che il ministero di sintesi che solitamente il parroco vive nella sua parrocchia, unito al servizio di autorità nella presidenza della comunione tra i cristiani, venga esercitato in comunione con la comunità, secondo quella dinamica comunionale-trinitaria di intreccio e scambio pericoretico che cerca il bene della gente e non l'esercizio della propria autorità, anche attraverso il confronto costante che unisce le diversità in quell'unità che diventa comunione, vita di Dio. Colui che svolge la

---

[118] Nel numero 9 della PaG si parla dell'indole missionaria e dell'unitarietà del ministero episcopale. Ma è nel numero 22 che Giovanni Paolo II delinea la figura del Vescovo come «animatore di una spiritualità di comunione e di missione»; «Nella Lettera apostolica *Novo Millennio ineunte* ho posto in evidenza la necessità di "fare della Chiesa la casa e la scuola della comunione" (43). [...] Ovviamente, il Vescovo per primo, nel suo cammino spirituale, ha il compito di farsi promotore e animatore di una spiritualità di comunione, adoperandosi instancabilmente per farne uno dei principi educativi di fondo in tutti i luoghi dove si plasma l'uomo e il cristiano: nella parrocchia, nelle associazioni cattoliche, nei movimenti ecclesiali, nelle scuole cattoliche, negli oratori. In particolar modo sarà cura del Vescovo di fare sì che la spiritualità della comunione emerga e si affermi laddove si educano i futuri presbiteri, cioè nei seminari, come pure nei noviziati religiosi, nelle case religiose, negli Istituti e nelle Facoltà teologiche».

[119] «Questa carità pastorale è finalizzata a creare la comunione. Prima di tradurre quest'amore-comunione in linee di azione, il Vescovo deve impegnarsi a renderlo presente nel proprio cuore e nel cuore della Chiesa attraverso una vita autenticamente spirituale. Se la comunione esprime l'essenza della Chiesa, è normale che la spiritualità di comunione tenda a manifestarsi nell'ambito sia personale che comunitario suscitando forme sempre nuove di partecipazione e di corresponsabilità nelle varie categorie di fedeli. Il Vescovo si sforzerà, pertanto, di suscitare nella sua Chiesa particolare strutture di comunione e di partecipazione, che consentano di ascoltare lo Spirito che vive e parla nei fedeli, per poi orientarli a porre in atto quanto lo stesso Spirito suggerisce in ordine al vero bene della Chiesa». PaG 44.

funzione pastorale di «sintesi», come parroco, vive questo servizio come sintesi nella comunione che circola tra la comunità e la chiesa locale[120]. Con l'animo del buon Pastore, chi esercità un'autorità, insieme alla comunità, vive l'esperienza pastorale parrocchiale, individuando con la comunità gli orientamenti pastorali, le iniziative e gli itinerari organici adatti alla situazione, in comunione con il presbiterio diocesano.

«La teologia e la spiritualità della comunione, infatti, ispirano un reciproco ed efficace ascolto tra Pastori e fedeli, tenendoli, da un lato, uniti *a priori* in tutto ciò che è essenziale, e spingendoli, dall'altro, a convergere normalmente anche nell'opinabile verso scelte ponderate e condivise»[121]. In questo modo si realizzano a livello comunitario quell'insieme di convinzioni, di atteggiamenti, di rapporti interpersonali che promuovono una vera cultura di comunione. È qui che si gioca la credibilità della comunione in armonia con quei valori umani «quali l'attitudine al pensare insieme, alla condivisione dell'impegno, all'elaborazione comunitaria dei progetti pastorali, alla formulazione corretta di giudizi comuni sulla realtà dell'ambiente»[122], che sono fondamentali per vivere quello spirito di comunione che «produce una mentalità nuova del vivere ecclesiale e valorizza le risorse di tutti»[123].

La Lettera apostolica *Novo millennio ineunte* parlando della «Spiritualità di comunione» enuncia la sfida alla quale è necessario rispondere iniziando il terzo millennio: «*Fare della Chiesa la casa e la scuola della comunione:* ecco la grande sfida che ci sta davanti nel millennio che inizia, se vogliamo essere fedeli al disegno di Dio e rispondere anche alle attese profonde del mondo»[124].

---

[120] Quanto viene detto nella *Pastores gregis* per il Vescovo ci pare possa essere applicato alla vita di ogni Pastore, sia esso sacerdote o consacrato/a che opera nella pastorale. È da sottolineare lo spirito comunionale che fa da sfondo a quanto viene detto: «La comunione ecclesiale vissuta porterà il Vescovo a uno stile pastorale sempre più aperto alla collaborazione di tutti. Vi è una sorta di circolarità tra quanto il Vescovo è chiamato a decidere con responsabilità personale per il bene della Chiesa affidata alla sua cura e l'apporto che i fedeli gli possono offrire attraverso gli organismi consultivi, quali il sinodo diocesano, il consiglio presbiterale, il consiglio episcopale, il consiglio pastorale». PaG 44.

[121] NMI 45.

[122] CC 63.

[123] CC 63.

[124] NMI 43. Giovanni Paolo II nella NMI enuncia i punti principali necessari per «*promuovere una spiritualità della comunione,* facendola emergere come principio educativo in tutti i luoghi dove si plasma l'uomo e il cristiano, dove si educano i

CAP. III: COMUNITÀ PER LA MISSIONE *AD GENTES*

Il territorio pastorale o la parrocchia nella quale la comunità evangelizzatrice opera avrà quindi un'anima profondamente comunionale e un respiro missionario, che permetterà di superare una vita pastorale ripetitiva, di conservazione. L'obiettivo della pastorale in questa prospettiva non sono gli «individui» ma le «persone», in quanto cioè si realizzano nella relazione trinitaria, «con» e «per» gli altri, in quanto sono inseriti in un Popolo[125]. La parrocchia viene così impostata come una «comunione di comunità» dove la diversità di ministeri, doni e carismi si coordina in un'unità organica e dinamica tale che ogni persona, gruppo o entità sia realmente complementare con gli altri, allo scopo di realizzare l'unica missione che si specificherà in obiettivi concreti e verificabili.

La comunità aiuterà le persone ad individuare un metodo di pianificazione per poter organizzare l'insieme delle azioni, dei mezzi, degli strumenti in ordine ai fini e agli obiettivi scelti. Così il popolo, divenuto comunità cristiana, sarà un corpo organico in azione, dove tutti, svolgendo ognuno la propria parte, tenderanno, in cooperazione e non competitivamente, al raggiungimento del medesimo obiettivo. Il cammino vissuto con la gente, nella fede della presenza di Dio operante nella storia e in mezzo al suo popolo, porterà a condividerne il desiderio di

---

ministri dell'altare, i consacrati, gli operatori pastorali, dove si costruiscono le famiglie e le comunità. Spiritualità della comunione significa anzitutto sguardo del cuore portato sul mistero della Trinità che abita in noi, e la cui luce va colta anche sul volto dei fratelli che ci stanno accanto. Spiritualità della comunione significa inoltre capacità di sentire il fratello di fede nell'unità profonda del Corpo mistico, dunque, come "uno che mi appartiene", per saper condividere le sue gioie e le sue sofferenze, per intuire i suoi desideri e prendersi cura dei suoi bisogni, per offrirgli una vera e profonda amicizia. Spiritualità della comunione è pure capacità di vedere innanzitutto ciò che di positivo c'è nell'altro, per accoglierlo e valorizzarlo come dono di Dio: un "dono per me" oltre che per il fratello che lo ha direttamente ricevuto. Spiritualità della comunione è infine saper "fare spazio" al fratello, portando "i pesi gli uni degli altri"(Gal 6,2) e respingendo le tentazioni egoistiche che continuamente ci insidiano e generano competizione, carrierismo, diffidenza, gelosie. Non ci facciamo illusioni: senza questo cammino spirituale, a ben poco servirebbero gli strumenti esteriori della comunione. Diventerebbero apparati senz'anima, maschere di comunione più che sue vie di espressione e di crescita». *Ibid.* 43.

[125] Cf. LG 4.9; PO 6; *Puebla* 250-253.331.563.

saperne decifrare i segni[126], per divenire con tutti una Comunità di fede, di speranza e di carità, parte integrante della Chiesa[127].

3.2.2 L'Eucaristia: sorgente di comunione e di missione

Tutta l'esistenza del Cristo, dall'incarnazione alla risurrezione, è «traduzione», in vita umana, dell'intima vita trinitaria. Come abbiamo visto precedentemente, questa esistenza fatta dono converge in un «punto» che manifesta in pienezza la profondità dell'amore umano e divino di Gesù: l'oblazione della croce e la sua resurrezione nello Spirito[128]. È qui che abbiamo la manifestazione umano-storica massima dell'eterno trinitario donarsi, sino alla libera e gioiosa *kenosi* dell'amore[129]. Questa manifestazione diviene l'incontro pieno di ogni uomo, anche il più lontano, con il «vicinissimo» Signore; si fa attuale per gli uomini di ogni tempo e di ogni luogo; si fa presente nella storia quotidiana attraverso la celebrazione dell'Eucaristia.

Dal mistero pasquale nasce la Chiesa. Proprio per questo l'Eucaristia, che nel mistero pasquale è il sacramento per eccellenza, *si pone al centro della vita ecclesiale*. Lo si vede fin dalle prime immagini della Chiesa, che ci offrono gli Atti degli Apostoli: «Erano assidui nell'ascoltare l'insegnamento

---

[126] Cf. GS 4.11.44.

[127] «Perciò i missionari, cooperatori di Dio, devono dar vita ad assemblee di fedeli, tali che, seguendo una condotta degna della vocazione alla quale sono state chiamate, svolgano le funzioni sacerdotale, profetica e regale, che Dio ha loro affidato. In questo modo la Comunità cristiana diventa segno della presenza di Dio nel mondo: mediante il sacrificio eucaristico infatti essa passa incessantemente al Padre in unione con il Cristo, diligentemente nutrita della Parola di Dio rende testimonianza del Cristo, cammina nella carità ed è ricca di spirito apostolico». AG 15.

[128] «[...] L'opera della redenzione umana e della perfetta glorificazione di Dio, che ha il suo preludio nelle mirabili gesta divine operate nel popolo dell'Antico Testamento, è stata compiuta da Cristo Signore, principalmente per mezzo del mistero pasquale della sua beata passione, risurrezione da morte e gloriosa ascensione, mistero col quale "morendo ha distrutto la nostra morte e risorgendo ha rinnovato la vita" (*Messale romano*, Prefazio pasquale). Infatti dal costato di Cristo dormiente sulla croce è scaturito il mirabile sacramento di tutta la Chiesa». SC 5.

[129] La Messa è memoriale del mistero pasquale «fonte della vita della Chiesa e pegno della gloria futura, con la quale i fedeli uniti al Vescovo hanno accesso a Dio Padre per mezzo del Figlio, Verbo incarnato, morto e glorificato, nell'effusione dello Spirito Santo, ed entrano in unione con la Santissima Trinità, fatti partecipi della natura divina». UR 15.

degli apostoli e nell'unione fraterna, nella frazione del pane e nelle preghiere» (2,42). Nella «frazione del pane» è evocata l'Eucaristia[130].

Nella Messa è reso presente il Mistero trinitario, in essa «tutte e tre le Persone divine sono efficacemente presenti in un unico dialogo d'amore, per donare alla Chiesa e al mondo la loro comunione. Il Padre, al quale il rendimento di grazie è rivolto; il Figlio incarnato, di cui si compie il memoriale; lo Spirito Santo, che è invocato per la consacrazione e la comunione, affinché trasformi sacramentalmente le offerte e compia l'unità della Chiesa. Per questo la Chiesa invoca nella sua preghiera la Trinità»[131].

L'Eucaristia celebrata nella comunità è vissuta come centro della giornata e dell'esistenza, sorgente e culmine della propria tensione comunionale e del proprio andare «fino ai confini della terra». Per la comunità l'Eucaristia è, dunque, il «tempo» della comunione: una comunione orizzontale, con i fratelli, ed una comunione verticale, con Cristo, con il Padre suo e il suo Spirito[132]. «Il pane che noi spezziamo non è forse comunione con il Corpo di Cristo? Poiché c'è un solo pane, noi, pur essendo molti, siamo un corpo solo: tutti infatti partecipiamo dell'unico pane»[133]. L'unità interna della comunità deriva dal fatto che tutti i membri – ciascuno con la propria differenza e singolarità – sono presi, attraverso la comunione al Corpo di Cristo, nell'unico e indivisibile movimento d'amore. Il corpo del Signore li fa un solo corpo, assume in sé la loro moltitudine, moltitudine che lo Spirito salda in comunione[134].

---

[130] *Ecclesia de Eucharistia* (EdE) 3.
[131] ECC 18.
[132] «La Chiesa, mentre è pellegrinante qui in terra, è chiamata a mantenere e a promuovere sia la comunione con Dio Trinità sia la comunione tra i fedeli. A questo fine essa ha la Parola e i Sacramenti, soprattutto l'Eucaristia, della quale essa "continuamente vive e cresce" (LG 26) e nella quale in pari tempo esprime se stessa. Non a caso il termine *comunione* è diventato uno dei nomi specifici di questo eccelso Sacramento». EdE 34.
[133] 1Cor 10,16-17
[134] «Voi che un tempo eravate lontani siete diventati i vicini grazie al sangue di Cristo [...]. Egli ha fatto dei due un popolo solo, abbattendo il muro di separazione che era frammezzo, cioè l'inimicizia, annullando, per mezzo della sua carne, la legge [...] per riconciliare tutti e due [giudei e pagani] con Dio in un solo corpo per mezzo della croce, distruggendo in se stesso l'inimicizia». Ef 2,13-16.

Il Corpo di Cristo è il luogo del perdono e della riconciliazione, il luogo in cui lo Spirito genera la comunione[135]. Questa comunione, costruita con il reciproco scambio di doni, trova pienezza nel Cristo: il Corpo di Cristo assume in sé la totalità dei credenti. Ciascuna celebrazione mette in comunione la Chiesa intera, immette nell'unico immenso corpo del Signore, in quel Corpo Mistico che è continuazione del Corpo fisico di Cristo, dato al mondo dal Padre[136].

La profondità di questa comunione permette di dire che nell'Eucaristia la Chiesa universale è immanente in ogni Chiesa locale. E la comunità, piccola cellula ecclesiale, che celebra il memoriale del Signore, è sacramentalmente comunione della Chiesa nella sua totalità, una totalità che abbraccia tutti i tempi, tutti i luoghi, tutte le situazioni. Nella celebrazione dell'Eucaristia lo Spirito Santo permette ancora al Verbo di farsi carne, di farsi corpo nella comunità e nell'Eucaristia. È un corpo dato perché tutti ne mangino, perché tutti siano raggiunti dalla Nuova Alleanza, perché tutti siano salvi. È un corpo fatto per essere distribuito, per essere inviato. L'essere dato come cibo per tutti e l'essere mandato sino ai confini della terra sono il suo stesso motivo di esistere. E la comunità nella celebrazione della Comunione si riscopre sempre istituita per essere inviata per tutti. «L'Eucaristia è forza che plasma la comunità e ne accresce il potenziale d'amore: la rende una casa accogliente per tutti, la fontana del villaggio che offre a tutti la sua acqua sorgiva [...]. In essa ogni diversità si compone nell'armonia, ogni voce implorante riceve ascolto, ogni bisogno trova qualcuno che si curva su di esso con amore. Incontro, dialogo, apertura e festa ne sono le note caratteristiche»[137].

In forza dell'Eucaristia, l'impegno missionario della comunità è, quindi, inserito in quello della Chiesa intera, a sua volta suscitato e assunto dal Signore, teso fra la sua esaltazione pasquale e la sua parusia nell'ultimo giorno. Si può meglio dire che la sua attività missionaria nasce dalla comunione che costituisce il corpo ecclesiale, dalla comunione che scaturisce dal cibarsi del Corpo Eucaristico. È la potenza

---

[135] «L'Eucaristia *crea comunione* ed *educa alla comunione*. San Paolo scriveva ai fedeli di Corinto mostrando quanto le loro divisioni, che si manifestavano nelle assemblee eucaristiche, fossero in contrasto con quello che celebravano, la Cena del Signore. Conseguentemente l'Apostolo li invitava a riflettere sulla vera realtà dell'Eucaristia, per farli ritornare allo spirito di comunione fraterna (cf. 1Cor 11,17-34)». EdE 40.
[136] Cf. SC 7.
[137] ECC 28.

CAP. III: COMUNITÀ PER LA MISSIONE *AD GENTES*

stessa dello Spirito della *koinonia*[138], che attraverso la comunità penetra nel mondo. È la potenza del Risorto e del suo Spirito in unità col Padre che, resa presente e attuale dalla comunità, «attira» tutti a sé.

Nella Celebrazione Eucaristica la comunità si fa corpo del Signore e, in quanto tale, è resa lievito nel mondo, fermento di comunione. Attraverso la comunità e in tutte le comunità cristiane risuona nella storia la lode di Gesù al Padre: «Tu non hai voluto nè sacrificio, nè offerta, un corpo invece mi hai preparato»[139]. Il compito missionario si radica, dunque, nell'Eucaristia che diventa «fonte e culmine di tutta l'Evangelizzazione»[140].

---

[138] «È lo Spirito Santo che opera questo evento di Salvezza e rende presente Cristo nell'atto redentore sui nostri altari. Con la sua potenza egli agisce sui nostri doni e li trasforma nel corpo e nel sangue di Cristo. In questa stessa azione egli plasma la Chiesa in comunità che prolunga la presenza del Signore nel fluire della storia. La preghiera eucaristica presenta due "epiclesi", cioè due invocazioni dello Spirito: una prima, "consacratoria", chiede che egli trasformi le offerte nel corpo e nel sangue del Signore, l'altra "fruttuosa", chiede che egli produca in noi il frutto di quella presenza, mediante l'amore che "ci unisce in un solo corpo" (Preghiera eucaristica II). Grazie allo Spirito Santo, appare l'intima comunione di Cristo e della sua Chiesa che si fanno reciproco dono. C'è nell'Eucaristia un ricorrente rapporto tra corpo sacramentale e corpo ecclesiale. Sono due forme diverse dell'unico corpo di Cristo, nato da Maria Vergine e ora glorioso alla destra del Padre. Lo Spirito Santo ha adombrato la Vergine Maria perché concepisse nel suo grembo il corpo storico di Cristo. Invocato dall'assemblea, interviene come energia divina sui doni del pane e del vino per trasformarli nel corpo e nel sangue di Cristo. Agisce come fuoco d'amore su tutti noi, per trasformarci in membra di Cristo e immetterci vitalmente nel suo corpo ecclesiale. L'intera tradizione, d'altronde, designa sia l'Eucaristia che la Chiesa con un unico termine:"corpo del Signore". E se oggi il corpo ecclesiale viene chiamato"mistico", il termine non va inteso come attenuazione di "reale" e di "vero", ma indica uno dei modi attraverso i quali Cristo è presente tra noi». ECC 17.

[139] Eb 10,5.

[140] PO 5. Questo testo viene ripreso anche nell'Enciclica di Giovanni Paolo II *Ecclesia de Eucharistia* al n.22: «La missione della Chiesa è in continuità con quella di Cristo: "Come il Padre ha mandato me, anch'io mando voi" » (Gv 20,21). Perciò dalla perpetuazione nell'Eucaristia del sacrificio della Croce e dalla comunione col corpo e sangue di Cristo, la Chiesa trae la necessaria forza spirituale per compiere la sua missione. Così l'Eucaristia si pone *come fonte* e insieme *come culmine* di tutta l'evangelizzazione, poiché il suo fine è la comunione degli uomini con Cristo e in Lui col Padre e con lo Spirito Santo». Giovanni Paolo II fa anche notare che lo stesso Decreto (PO), al n. 6 dice: «Non è possibile che sia costruita una comunità cristiana se non avendo come radice e come cardine la celebrazione della santissima Eucaristia». (Cf. nota n. 41, EdE 22).

3.2.3 La sensibilizzazione al senso ecclesiale e alla cooperazione missionaria

La comunità evangelizzatrice condivide con la Chiesa locale la vita di comunione in prospettiva missionaria, mettendosi al servizio per sensibilizzare al senso ecclesiale, alla coscienza di appartenenza a un popolo in cammino, che trae la sua origine dalla comunione trinitaria e che missionariamente non vuole restare «piccolo gregge», ma desidera che il Vangelo sia annunziato a tutti gli uomini. «L'universalità della salvezza non significa che essa è accordata solo a coloro che, in modo esplicito, credono in Cristo e sono entrati nella Chiesa. Se è destinata a tutti, la salvezza deve essere messa in concreto a disposizione di tutti»[141].

La comunione nella sua sorgente e modello trinitari si esprime sempre nella missione. La missione è il frutto e la conseguenza logica della comunione. Si favorisce il dinamismo della comunione quando ci si apre agli orizzonti e alle urgenze della missione, garantendo sempre la testimonianza dell'unità affinché il mondo creda, e dilatando gli spazi dell'amore affinché tutti raggiungano la comunione trinitaria, dalla quale procedono e alla quale sono destinati. Quanto più intensa è la comunione, tanto più è favorita la missione, specialmente quando è vissuta nella povertà dell'amore, che è la capacità di muoversi incontro a ogni persona, gruppo e cultura con la sola forza della Croce, *spes unica* e testimonianza suprema dell'amore di Dio, che si manifesta anche come amore di fraternità universale[142].

È importante che la comunità evangelizzatrice possa incentivare nella Chiesa locale la psicologia dell'«esodo» e la logica evangelica della partenza. «La Chiesa, mentre avverte e vive l'urgenza attuale di una nuova evangelizzazione, non può sottrarsi alla *missione permanente di portare il Vangelo a quanti* – e sono milioni e milioni di uomini e di donne – *ancora non conoscono Cristo redentore dell'uomo*»[143]. È questo il compito più specificamente missionario che Gesù ha affidato e quotidianamente riaffida alla sua Chiesa. L'opera dei fedeli laici, impegnati nell'evangelizzazione, non è mai mancata in questo ambito, e si rivela oggi sempre più necessaria e preziosa[144]. Incentivare la logica

---

[141] RMi 10.
[142] PaG 22.
[143] ChL 35.
[144] L'Esortazione apostolica *Christifideles laici* rileva che l'invito che il Concilio Vaticano II ha rivolto alle Chiese particolari conserva tutto il suo valore, anzi esige oggi un'accoglienza più generalizzata e più decisa: «La Chiesa particolare, dovendo

CAP. III: COMUNITÀ PER LA MISSIONE *AD GENTES* 117

dell'uscire, dell'andare oltre i propri confini, aiuterà, in prospettiva comunionale-trinitaria, a passare dall'individualismo e dal gruppo «elitario» al «tutti», come ricorda la LG: «Tuttavia è piaciuto a Dio di santificare e salvare gli uomini non separatamente e senza alcun legame fra di loro, ma ha voluto costituirli in un popolo che lo riconoscesse nella verità e lo servisse nella santità»[145].

In questa prospettiva la comunità evangelizzatrice sarà un continuo stimolo ad aprire gli orizzonti, a passare dal proprio spazio culturale alla cultura emarginata che si trova nel territorio; dalla propria Chiesa locale agli spazi umani non cristiani fuori della propria patria e cultura; dalla propria esperienza di Chiesa a quella di Chiese sorelle, con le loro ricchezze e povertà. La comunità diventa un continuo sollecitare a non «installarsi» mai, ma ad «andare oltre» con distacco e libertà, in modo da generare comunione e non dipendenza[146], essere ponte di fraternità universale favorendo la condivisione e risvegliando alla coscienza che ogni bene ci è stato dato in uso e che c'è più gioia nel dare che nel ricevere[147].

Un altro aspetto del rapporto tra la comunità e la Chiesa locale è l'animazione alla cooperazione missionaria nelle sue molteplici forme, spirituali e materiali[148], nel promuovere la formazione di una coscienza comune che responsabilizzi ciascuno nei confronti dell'altro, degli altri, dell'umanità intera. Giovanni Paolo II rileva che «non possiamo restar-

---

rappresentare nel modo più perfetto la Chiesa universale, abbia la piena coscienza di essere inviata anche a coloro che non credono in Cristo (AG 20; cf. anche AG 27). [...] La Chiesa deve fare oggi *un grande passo in avanti nella sua evangelizzazione*, deve entrare in *una nuova tappa storica* del suo dinamismo missionario. In un mondo che con il crollare delle distanze si fa sempre più piccolo, le comunità ecclesiali devono collegarsi tra loro, scambiarsi energie e mezzi, impegnarsi insieme nell'unica e comune missione di annunciare il Vangelo. Le Chiese cosiddette più giovani – hanno detto i padri sinodali – abbisognano della forza di quelle antiche, mentre queste hanno bisogno della testimonianza e della spinta delle più giovani, in modo che le singole Chiese attingano dalle ricchezze delle altre Chiese. [...] In questa nuova tappa, la formazione non solo del clero locale ma anche di un laicato maturo e responsabile si pone nelle giovani Chiese come elemento essenziale e irrinunciabile della *plantatio ecclesiae*. In tal modo le stesse comunità evangelizzate si slanciano verso nuove contrade del mondo, per rispondere anch'esse alla missione di annunciare e testimoniare il Vangelo di Cristo». ChL 35.

[145] LG 9.
[146] Cf. RMi 49.
[147] Cf. At 20,35; RMi 81.
[148] Cf. RMi 77-79.82.

cene tranquilli, pensando ai milioni di nostri fratelli e sorelle, anch'essi redenti dal sangue di Cristo, che vivono ignari dell'amore di Dio. Per il singolo credente, come per l'intera Chiesa, la causa missionaria deve essere la prima, perché riguarda il destino eterno degli uomini e risponde al disegno misterioso e misericordioso di Dio»[149]

Questa responsabilizzazione avviene attraverso l'orientamento all'impegno per la pace, per lo sviluppo e la liberazione dei popoli, per la difesa dei diritti dell'uomo, soprattutto quelli delle minoranze, della promozione della donna e del bambino. Orientamento che educa alla salvaguardia del creato i cui beni hanno una destinazione universale. La comunità cristiana che vive la comunione trinitaria offre la testimonianza dell'accettazione gioiosa delle differenze, dell'accoglienza cordiale dei diversi doni, ministeri e carismi, a servizio dell'unico corpo[150].

Nel rapporto con la Chiesa locale, nel contesto della missione *ad gentes*, la preoccupazione della comunità evangelizzatrice sarà di conservare, prima di ogni attività o urgenza apostolica, la comunione e la concordia nella comunità, la vita trinitaria tra i membri e con ogni persona incontrata. Per essere segno e annuncio di unità e di relazione i membri della comunità vivono questa vita in missione, facendo della vita trinitaria il primo annuncio da offrire alle genti[151]. Sarà importante, nell'inserimento in un dato contesto missionario, l'attenzione al mistero del cuore umano e alla rivelazione dell'amore del Padre e del Figlio nello Spirito Santo[152], per esprimere e costruire l'unità e la relazione trinitaria con linguaggio e modalità adeguati al momento e al contesto socio-culturale e religioso in cui la comunità evangelizzatrice è chiamata ad operare, per comunicare alle persone questa esperienza che, prima di tutto, la comunità si impegna a vivere al suo interno. L'opera di evangelizzazione presuppone delle comunità cristiane che testimonino e irradino il mistero che le abita e le custodisce: l'amore trinitario;

---

[149] RMi 86.

[150] È illuminante a questo proposito la *Redemptoris Missio*: «Nell'attività missionaria sono da valorizzare le varie espressioni del laicato, rispettando la loro indole e finalità: associazioni del laicato missionario, organismi cristiani di volontariato internazionale, movimenti ecclesiali, gruppi e sodalizi di vario genere siano impegnati nella missione *ad gentes* e nella collaborazione con le Chiese locali. In questo modo sarà favorita la crescita di un laicato maturo e responsabile, la cui "formazione [...] si pone nelle giovani Chiese come elemento essenziale e irrinunciabile della *plantatio ecclesiae*"(ChL 35)». RMi 72.

[151] Cf. Gv 13,35.

[152] Cf. ChL 34.

CAP. III: COMUNITÀ PER LA MISSIONE *AD GENTES* 119

presuppone delle comunità che abbiano coscienza che l'opera redentiva raggiunge l'uomo nella sua verità, nella sua piena dimensione concreta, storica, in un incontro tra persona e persona[153], per promuoverlo integralmente[154]. «L'uomo [...], per sua intima natura, è un essere sociale e senza i rapporti con gli altri non può vivere, nè esplicare le sue doti»[155]. È quanto esprime Staniloae in una dimensione trinitaria:

> «L'uomo agonizza quando è privato di ogni comunione con un altro uomo. Ma la comunione tra le persone umane agonizza quando non trova la sua fonte e il suo fondamento in Dio, Persona infinita, o piuttosto unità infinita di Persone divine. La relazione tra persona e persona è la sola via della realtà e del mistero. È la profonda presa di contatto, piena d'amore, di una persona con l'altra, e solamente questo procura la vita e la gioia. Ma non si può avere la rivelazione dell'altro come profondità fontale, come fonte di vita senza limiti, se lo Spirito Santo non ci mostra l'altro in Dio, nel mistero del Dio personale che si rivela»[156].

La comunità che evangelizza diventa memoria vivente della predilezione di Gesù verso i poveri, primi destinatari dell'annuncio evangelico. Come Cristo, infatti è stato inviato dal Padre per portare la buona novella ai poveri, a guarire quelli che hanno il cuore ferito, a cercare e salvare ciò che era perduto[157] «similmente la Chiesa circonda di amore quanti sono afflitti da infermità umana, anzi nei poveri e nei sofferenti riconosce l'immagine del suo fondatore, si premura di sollevarne la miseria, e in loro intende servire Cristo»[158].

La vita comunitaria diventa annuncio dell'amore di Dio Trinità, perché ogni uomo riconquisti l'originaria bellezza e divenga, nello Spirito, gloria di Dio, e l'umanità intera possa, come Sposa del Signore Gesù,

---

[153] Cf. RH 13.
[154] Cf. SRS 32.
[155] GS 12.
[156] D. STANILOAE, *La preghiera di Gesù*, 82.
[157] Cf Lc 4,18; 19,10.
[158] LG 18. Cf. anche RMi 60 dove si dice: «Le giovani chiese, che per lo più vivono fra popoli afflitti da una povertà assai diffusa, esprimono spesso questa preoccupazione come parte integrante della loro missione. La Conferenza generale dell'episcopato latino-americano a Puebla, dopo aver ricordato l'esempio di Gesù, scrive che "i poveri meritano un'attenzione preferenziale, qualunque sia la condizione morale o personale in cui si trovano. Fatti a immagine e somiglianza di Dio per essere suoi figli, questa immagine è offuscata e perfino oltraggiata. Perciò, Dio prende le loro difese e li ama. Ne consegue che i primi destinatari della missione sono i poveri, e la loro evangelizzazione è per eccellenza segno e prova della missione di Gesù" (*Puebla* 3757-1142)».

ricongiunta a Lui, come suo corpo, vivere il suo ritorno nella gloria del Padre.

> Dio uno e trino, che in se stesso esiste come trascendente realtà di dono interpersonale, comunicandosi nello Spirito Santo come dono all'uomo, trasforma il mondo umano dal di dentro, dall'interno dei cuori e delle coscienze. Su questa via il mondo, reso partecipe del dono divino, diventa sempre più umano, sempre più profondamente umano [...]. Allora si può veramente ripetere che «gloria di Dio è l'uomo vivente, ma vita dell'uomo è la visione di Dio»: l'uomo, vivendo una vita divina, è la gloria di Dio, e di questa vita e di questa gloria lo Spirito Santo è il dispensatore nascosto[159].

3.3 *Le Nuove Comunità, dono dello Spirito per la missione*

Abbiamo iniziato questo capitolo parlando della «comunione» come dono dello Spirito Santo per la comunità cristiana e quindi per tutta la Chiesa. «Lo Spirito spinge il gruppo dei credenti a "fare comunità", a essere Chiesa»[160], come abbiamo potuto considerare nelle pagine precedenti. Inoltre «lo Spirito si manifesta in maniera particolare nella Chiesa e nei suoi membri; tuttavia, la sua presenza e azione sono universali, senza limiti nè di spazio, nè di tempo»[161]. «Così lo Spirito, che "soffia dove vuole" (Gv 3,8) e "operava nel mondo prima ancora che Cristo fosse glorificato", che "riempie l'universo abbracciando ogni cosa e conosce ogni voce" (Sap 1,7), ci induce ad allargare lo sguardo per considerare la sua azione presente in ogni tempo e in ogni luogo»[162].

Crediamo che uno dei frutti della presenza dello Spirito Santo sia la nascita, dopo il Concilio Vaticano II, di tante realtà missionarie, che vengono citate da Giovanni Paolo II nell'Enciclica sulla missione:

> All'interno della Chiesa si presentano vari tipi di servizi, funzioni, ministeri e forme di animazione della vita cristiana. Ricordo quale novità emersa in non poche chiese nei tempi recenti, il grande sviluppo dei «movimenti ecclesiali», dotati di dinamismo missionario. Quando si inseriscono con umiltà nella vita delle chiese locali e sono accolti cordialmente da vescovi e sacerdoti nelle strutture diocesane e parrocchiali, i movimenti rappresentano

---

[159] DeV 59.
[160] RMi 26.
[161] RMi 28.
[162] RMi 29.

un vero dono di Dio per la nuova evangelizzazione e per l'attività missionaria propriamente detta. Raccomando quindi di diffonderli e di avvalersene per ridare vigore, soprattutto tra i giovani, alla vita cristiana e all'evangelizzazione, in una visione pluralistica dei modi di associarsi e di esprimersi[163].

A partire dal Concilio Vaticano II, nella Chiesa cattolica, i gruppi di spiritualità e i movimenti di rinnovamento ecclesiale sono aumentati e cresciuti in maniera sorprendente. Nel corso della storia della Chiesa la «pastorale ordinaria» ha sempre ricevuto stimoli fecondi e nuovi impulsi spirituali dall'opera di donne e uomini santi[164]. Ma bisognava «davvero aspettare il nostro secolo per vedere diffondersi nella Chiesa una simile fioritura e un tal numero di movimenti spontanei, alcuni dei quali continuano a orientarsi secondo i grandi carismi del passato, ma che, per la maggioranza, sono sorti grazie a nuove, autonome, iniziative dello Spirito Santo»[165]. Cordes fa notare che questi movimenti e queste nuove realtà ecclesiali sono in linea con la sensibilità del nostro tempo e con l'agire di Dio con gli uomini che ha di mira il gruppo e, perciò le persone prese come insieme. «Il singolo inviato non può dare da solo la risposta all'agire di Dio: è sempre rimandato alla comunità. La fede costruisce dei luoghi di vita comune e ha bisogno di essi per attuarsi»[166].

Giovanni Paolo II in occasione dell'incontro con i Movimenti Ecclesiali e le Nuove Comunità[167] ha esordito dicendo:

> Quello di oggi è davvero un evento inedito: per la prima volta i movimenti e le nuove comunità ecclesiali si ritrovano, tutti insieme, con il Papa. È la «grande testimonianza comune» da me auspicata per l'anno che, nel cammino della Chiesa verso il Grande Giubileo, è dedicato allo Spirito Santo.

---

[163] RMi 72. Cf. lo studio del Card. J. RATZINGER, «I movimenti», 23-51.

[164] Cf. P.J. CORDES, *Non estinguete lo Spirito*.

[165] H.U. VON BALTHASAR, *Gottbereites Leben*, 216. Citato in P.J. CORDES, *Segni di Speranza*, 151.

[166] P.J. CORDES, *Segni di Speranza*, 155. Cordes fa notare che i capitoli iniziali della prima lettera di Pietro «mostrano che davvero la risposta all'azione elettiva di Dio nella Nuova Alleanza può aver luogo solo comunitariamente: coloro che sono stati liberati vivono il loro sacerdozio comune dando la loro testimonianza comunitaria tra i non credenti. Del resto, come si può realizzare il *theologumenon* del "corpo di Cristo", se non nella comunità? Con questa immagine, infatti, Paolo vuole evidenziare e interpretare l'indissolubile legame spirituale delle Chiese locali». *Ibid.* 155-156.

[167] L'incontro si è svolto a Roma in Piazza S. Pietro, il 30 maggio 1998, vigilia di Pentecoste.

Lo Spirito Santo è qui con noi! È l'anima di questo mirabile avvenimento di comunione ecclesiale.[168]

Il Papa, continuando il suo discorso, descrive l'azione dello Spirito Santo nella Chiesa e nella storia degli uomini: «Sempre, quando interviene, lo Spirito lascia stupefatti. Suscita eventi la cui novità sbalordisce; cambia radicalmente le persone e la storia. Questa è stata l'esperienza indimenticabile del Concilio Ecumenico Vaticano II, durante il quale, sotto la guida del medesimo Spirito, la Chiesa ha riscoperto come costitutiva di sé stessa la dimensione carismatica»[169]. Ogni movimento differisce dall'altro, ma «tutti sono uniti nella stessa comunione e per la stessa missione. Alcuni carismi suscitati dallo Spirito irrompono come vento impetuoso, che afferra e trascina le persone verso nuovi cammini di impegno missionario al servizio radicale del Vangelo»[170].

L'accoglienza di questi carismi va vissuta con gratitudine e obbedienza allo Spirito Santo che non cessa di elargire questi doni per il bene comune e per il beneficio di tutta la Chiesa.

Nel nostro mondo, spesso dominato da una cultura secolarizzata che fomenta e reclamizza modelli di vita senza Dio, la fede di tanti viene messa a dura prova e non di rado soffocata e spenta. Si avverte, quindi, con urgenza la necessità di un annuncio forte e di una solida e approfondita formazione cristiana. Quale bisogno vi è oggi di personalità cristiane mature, consapevoli della propria identità battesimale, della propria vocazione e missione nella Chiesa e nel mondo! Quale bisogno di comunità cristiane vive! Ed ec-

---

[168] GIOVANNI PAOLO II, «Discorso», 219.
[169] GIOVANNI PAOLO II, «Discorso», 221. Il Papa cita a questo proposito il testo di LG 12: «Lo Spirito Santo non si limita a santificare e a guidare il popolo di Dio per mezzo dei sacramenti e dei ministeri, e ad adornarlo di virtù, ma "distribuendo a ciascuno i propri doni come piace a lui" (1 Cor 12,11), dispensa pure tra i fedeli di ogni ordine grazie speciali [...] utili al rinnovamento e alla maggiore espansione della Chiesa».
[170] GIOVANNI PAOLO II, «Discorso», 221-222. Il Card. J.F. Stafford, che nel 1998 era Presidente del Pontificio Consiglio per i Laici, rileva che «sta maturando tra i movimenti una più profonda consapevolezza dell'unica vocazione comune: annunciare il Vangelo a tutte le genti. Comunione e missione nella vita dei movimenti sono strettamente unite fino al punto di identificarsi, di essere una cosa sola, come l'essere di Gesù si identifica con la sua missione, è una cosa sola con la sua missione trinitaria per cui egli è mandato dal Padre. [...] Così i movimenti sono eventi particolari che provengono dallo Spirito Santo, l'anima della Chiesa, l'agente della nuova evangelizzazione, l'ispiratore delle nuove forme di attività missionaria della Chiesa». J.F. STAFFORD, «Prefazione», 6-7.

co, allora i movimenti e le nuove comunità ecclesiali: essi sono la risposta, suscitata dallo Spirito Santo, a questa drammatica sfida di fine millennio. Voi siete questa risposta provvidenziale![171].

Coda nota come non sia un caso che il fenomeno carismatico dei movimenti emerga contemporaneamente all'ecclesiologia insegnata dal Concilio Vaticano II e incentrata sulle nozioni di Popolo di Dio e di comunione. In tale visione ecclesiologica, non solo si riconosce di fatto uno spazio ai carismi come sempre è avvenuto nel corso della storia della Chiesa, ma lo si riconosce in modo strutturale come necessaria condizione dell'«autoesplicazione della figura della Chiesa nell'oggi storico-salvifico e al tempo stesso si sottolinea [...] la condivisibilità del carisma da parte di un gruppo più o meno ampio di cristiani come qualificante la stessa edificazione del corpo ecclesiale e la sua missione di testimonianza evangelizzatrice»[172].

Riguardo alla missione della Chiesa si può notare la sintonia che i movimenti ecclesiali naturalmente manifestano con l'appello alla nuova evangelizzazione fatto da Giovanni Paolo II, ma anche «la capacità che essi mostrano di farsi strumenti efficaci della conversione alla fede in Gesù Cristo, non da ultimo perché hanno la possibilità di testimoniare, come comunità, l'evangelico: "Venite e vedrete" (Gv 1,39)»[173]. Coda fa notare che la caduta di tensione missionaria che sembra caratterizza-

---

[171] GIOVANNI PAOLO II, «Discorso», 222-223. S. Ryłko fa notare che «L'incontro del 30 maggio 1998 ha segnato profondamente la vita dei movimenti ecclesiali e delle nuove comunità, che lo considerano vera pietra miliare nel loro cammino. Non a caso, Giovanni Paolo II quel giorno ha detto loro: "Oggi dinanzi a voi si apre una tappa nuova: quella della maturità ecclesiale. [...] La Chiesa si aspetta da voi frutti 'maturi' di comunione e di impegno". Parole esigenti, quelle del Papa, programma laborioso». S. RYŁKO, «L'avvenimento del 30 maggio 1998», 25. Tra le caratteristiche salienti dell'impegno apostolico dei movimenti S. Ryłko evidenzia l'essere «comunità missionaria»; «La comunità gioca un ruolo di rilievo anche nell'opera apostolica dei movimenti. Essa costituisce lo spazio della "ricarica" spirituale. I legami di amicizia, nati sulla base della partecipazione al medesimo carisma, costituiscono un grande sostegno e una ispirazione per l'impegno missionario». *Ibid.* 25.

[172] P. CODA, «I movimenti ecclesiali», 94. In questo saggio Coda cita un illuminante passo di J. Beyer: «La nozione stessa di comunione, che è una nota distintiva della Chiesa, come il Concilio Vaticano II contempla il suo mistero, non riesce comprensibile se non si rende visibile nella stessa Chiesa viva. Proprio per far comprendere e sperimentare tale comunione sembrano nate queste nuove forme di comunione. [...] Ciò che lo Spirito ha illuminato nel Concilio, lo ha espresso con questo nuovo dono nella vita della Chiesa». J. BEYER, «I movimenti ecclesiali», 156.

[173] P. CODA, «I movimenti ecclesiali», 98.

re la stagione postconciliare – secondo quanto rileva la *Redemptoris Missio*[174] – subisce un'inversione nei movimenti, sia nelle regioni di antica cristianità, sia in rapporto ai popoli ancora da evangelizzare[175].

Di fronte alle sfide della postmodernità e della planetizzazione diventa urgente un ritorno all'esperienza originaria del Vangelo. Ma ciò è possibile – secondo Coda – «solo là dove anche la forma dell'evangelizzazione è "nuova", capace di intercettare la sensibilità del nostro tempo e di mostrare la novità di Gesù Cristo nella vita che si fa sperimentabile tra i cristiani e nella forma del loro relazionarsi agli altri, in un contesto per molti versi inedito: "siano [...] una cosa sola, perché il mondo creda" (Gv 17,21)»[176].

A. Favale, in un recente studio sulle nuove comunità nella Chiesa, rileva che nonostante tutti nella Chiesa siano responsabili della sua missione in virtù dei sacramenti dell'iniziazione cristiana, tuttavia non lo sono allo stesso modo, ma in rapporto alla vocazione cristiana specifica ricevuta. Tra queste vocazioni vi sono quella laicale, o al ministero ordinato, o alla vita consacrata religiosa o secolare nelle sue diverse forme, o alla missione *ad gentes* che ha di mira l'evangelizzazione, soprattutto là dove la buona novella del Regno di Dio non è ancora stata annunciata, oppure là dove esistono particolari situazioni di abbandono o di povertà[177]. In particolare vi sono comunità nuove o fraternità che considerano il «servizio missionario», dove maggiore è il bisogno, un carisma particolare dello Spirito da assolvere con competenza e generosità, tenendo conto dell'impegno dell'inculturazione e del dialogo interreligioso, e altre che intuiscono che lo stesso Spirito Santo le sollecita a rispondere prima di tutto al grido di dolore di coloro che si sentono soli, abbandonati e dimenticati da tutti nel pieno rispetto delle loro esperienze religiose[178].

---

[174] Cf. RMi 2.
[175] P. CODA, «I movimenti ecclesiali», 98.
[176] P. CODA, «I movimenti ecclesiali», 99.
[177] A. FAVALE, *Comunità nuove,* 233-234.
[178] Cf. A. FAVALE, *Comunità nuove,* 234. A. Favale offre nel suo studio una dettagliata e completa mappa delle nuove comunità che si sono sviluppate nella Chiesa contemporanea. Segnaliamo le «comunità missionarie» che vi sono riportate: «Fraternità che si riallacciano alla spiritualità di Charles de Foucauld (frate Carlo di Gesù)»; «Fraternità del movimento contemplativo missionario "Padre Charles de Foucauld"»; «Comunità missionarie di Madre Teresa di Calcutta»; Comunità *Redemptor hominis*»; «Comunità missionaria di S. Paolo apostolo e di Maria, Madre della Chiesa»; «Comunità Missionaria di Villaregia». Queste comunità sono chiamate «nuove» rispetto

Grazie alla loro modalità di presenza, le fraternità e le comunità missionarie, pur nel loro piccolo, riescono a stabilire con le popolazioni un rapporto che, al di là delle razze, culture ed esperienze religiose diverse, apre all'incontro e alla comunicazione, alla solidarietà e alla fraternità universale, al dialogo interreligioso e al rispetto reciproco[179].

4. Conclusione

Il mandato missionario, espresso da Giovanni, *«Siano in noi una cosa sola, perché il mondo creda che tu mi hai mandato»*[180], ci ha introdotti nel cuore dell'evangelizzazione, nel nucleo più profondo della vita della Chiesa: la vita divina, la comunione trinitaria, la fonte e il modello dell'evangelizzazione, della missione della Chiesa nel mondo: *«Andate dunque ed ammaestrate tutte le nazioni, battezzandole nel nome del Padre, del Figlio e dello Spirito Santo»*[181]. «Cristo ci rivela che la vita divina è la comunione trinitaria. Padre, Figlio e Spirito vivono, in perfetta inter-comunione di amore, il supremo mistero dell'unità. Di qui procede ogni amore ed ogni altra comunione, per la grandezza e la dignità dell'esistenza umana»[182]. Il documento dell'Episcopato Latino-Americano evidenzia inoltre le coordinate di tale comunione trinitaria che inglobano tutta la vita dell'uomo: «La comunione che si deve costruire fra gli uomini è una comunione che abbraccia l'essere fin nelle radici del loro amore e deve manifestarsi in tutta la vita, anche economica, sociale e politica, prodotta dal Padre, dal Figlio e dallo Spirito Santo, è la trasmissione della loro propria comunione trinitaria»[183].

È un volto concreto della Trinità che il Cristo ha rivelato ai discepoli: *«Io e il Padre siamo una cosa sola»* annuncia il fondamento ontologico di una potenza comune e di un'attività salvifica comune. È una parola che fa comprendere quella che chiamiamo Trinità economica, la Trinità che agisce nell'opera della salvezza e ha per fondamento la Trinità immanente: l'unione delle persone nella loro azione risulta da una unità di essere assoluto. Si sarebbe potuto pensare che una tale unità si sarebbe sottratta a ogni comunicazione, in una intimità che poteva riguardare

---

ad altre realtà ecclesiali precedenti perché si diversificano da esse per il contesto culturale, sociale e religioso in cui sono nate. Cf. *Ibid.*, 258.
[179] Cf. A. FAVALE, *Comunità nuove*, 290.
[180] Gv 17,21.
[181] Mt 28,19.
[182] *Puebla*, 212.
[183] *Puebla*, 215.

unicamente le persone divine e che doveva rinchiudersi nella propria trascendenza. Ma constatiamo che il Cristo desidera la più ampia apertura di tale unità all'umanità: «*Perché tutti siano una cosa sola, come Tu, Padre sei in me e io in te, siano anch'essi in noi una cosa sola*»[184]. L'unità del Padre e del Figlio, con l'immanenza reciproca che essa implica, costituisce, come abbiamo visto, il modello sul quale deve formarsi l'unità dei discepoli: la perfezione dell'intimità divina deve riflettersi nell'unità umana. E perché tale ideale possa realizzarsi, i discepoli sono invitati a entrare nel mistero stesso dell'unità divina: «*Siano anch'essi in noi*». Essi sono dunque destinati a partecipare all'unità divina. L'unità della Trinità, lungi dall'essere concepita in maniera astratta, dev'essere una unità vissuta dai cristiani nella loro vita[185].

La Chiesa, «icona della Trinità», è la storia della comunione di Dio uno e trino con il genere umano. La comunione interiore di Dio, Padre-Figlio-Spirito Santo, rende possibile la comunione esteriore di Dio con gli esseri umani. La comunione interiore di Dio diviene una comunicazione attuale con gli esseri umani, da cui deriva la Chiesa come popolo di Dio e come sacramento di salvezza con tutto il genere umano. La Chiesa è un'assemblea di popolo, la cui identità specifica è fornita proprio dalla sua relazione con Dio. Questa identità di popolo dipende dalla natura o identità del Dio del quale è il popolo. A causa della sua relazione con il Padre, il Figlio e il loro Spirito, la Chiesa è un sacramento o segno della comunione interna di Dio; essa è anche uno strumento per il raggiungimento della nostra comunione intima con Dio e dell'unità di tutto il genere umano. La vita di grazia della comunità cristiana è già un'anticipazione e un pegno della realizzazione escatologica di questa vita[186].

La missione della Chiesa, il suo essere sacramento universale di salvezza, in questa prospettiva comunionale-trinitaria, diventa la comunicazione attuale della comunione interiore di Dio, perché ogni uomo, attraverso la Chiesa, possa raggiungere la comunione intima con Dio, nella tensione all'unità con tutto «il genere umano». È nella comunità ecclesiale particolare, cellula di irradiazione della vita Trinitaria, che la comunione dei membri diventa annuncio della salvezza, missione e-

---

[184] Gv 17,21. Cf. J. GALOT, «Il volto autentico della Trinità», 357.
[185] Cf. J. GALOT, «Il volto autentico della Trinità», 357.
[186] Cf. J. NAVONE, «L'io reale nella comunione», 540.

vangelizzatrice. «La comunità cristiana riflette l'amore senza limiti della comunione trinitaria nella sua missione universale. Essa manifesta e proclama che il suo Dio è una comunione di Persone divine, che richiamano tutto il genere umano alla comunione e al compimento nel suo amore eterno»[187].

---

[187] J. NAVONE, «L'io reale nella comunione», 543.

CONCLUSIONE

Il percorso che abbiamo seguito ci ha permesso di intravedere con profondità la rivelazione che Dio ha fatto della sua stessa vita alla Chiesa e all'umanità, chiamando ogni battezzato a realizzare nella propria esistenza e nella propria comunità cristiana, una vita di comunione e di missione, ad immagine della Trinità. «In questo modo *si realizza la "condiscendenza"* dell'infinito amore trinitario: l'avvicinarsi di Dio, Spirito invisibile, al mondo visibile. Dio uno e trino si comunica all'uomo nello Spirito Santo sin dall'inizio mediante la sua "immagine e somiglianza". Sotto l'azione dello stesso Spirito *l'uomo* e, per suo mezzo, il mondo creato, redento da Cristo, *si avvicinano ai loro definitivi destini in Dio*»[1]. Di questo avvicinamento dei due poli della creazione e della redenzione, Dio e l'uomo, la Chiesa è un sacramento, cioè segno e strumento. «Essa opera per ristabilire e rafforzare l'unità alle radici stesse del genere umano: nel rapporto di comunione che l'uomo ha con Dio come suo creatore, Signore e Redentore»[2].

Siamo partiti guardando alla «Chiesa comunione e missione», frutto dell'ecclesiologia di comunione del Vaticano II, che ha posto il fondamento della missione nella Santissima Trinità. La natura missionaria della Chiesa infatti, «trae origine dalla missione del Figlio e dalla missione dello Spirito Santo, secondo il progetto di Dio Padre»[3]. In tal modo la missionarietà viene fondata dinamicamente sulle «missioni» trinitarie del Figlio e dello Spirito[4]. Il cammino della Teologia della missione ci ha permesso di considerare tutto il retroterra teologico che

---

[1] DeV 64.
[2] DeV 64.
[3] AG 2.
[4] Cf. RMi 1.

ha preparato la riflessione missionaria del Concilio Vaticano II, sfociata nel Decreto *Ad Gentes*.

Con la riflessione sulla «comunione trinitaria» siamo entrati nel vivo del nostro studio: abbiamo potuto attingere l'acqua pura della rivelazione di Dio Trinità, alle sorgenti della vita di comunione intratrinitaria. Il tema della *pericoresi* trinitaria ci ha permesso di comprendere in profondità la vita intima della Trinità. Nella pericoresi, intesa come dinamica dell'amore trinitario, la Chiesa trova la più alta analogia della propria vita di comunione e di relazione. La rivelazione della vita trinitaria, attraverso l'Incarnazione, la *Kenosi* e il Mistero Pasquale, nel quale si tocca «*l'apice della rivelazione trinitaria*»[5], ci ha permesso di comprendere l'universalità della salvezza che vede ogni uomo destinatario della vita di Dio. Il mandato missionario, che Giovanni riporta nel suo Vangelo, ci ha aiutato a cogliere in tutta la sua profondità la vita intima della Trinità rivelataci da Gesù. Dalle parole della preghiera di Gesù al Padre[6], espressione della comunione trinitaria, nasce la missione della Chiesa nel mondo: «Andate dunque ed ammaestrate tutte le nazioni, battezzandole nel nome del Padre, del Figlio e dello Spirito Santo»[7]. La formula rispecchia l'intimo mistero di Dio, della vita divina che è il Padre, il Figlio e lo Spirito Santo, divina unità della Trinità. Si può leggere il discorso pasquale di addio come una speciale preparazione a questa formula trinitaria, «nella quale si esprime la potenza vivificante del Sacramento, che opera *la partecipazione alla vita di Dio uno e trino*, perché dà la grazia santificante come dono soprannaturale all'uomo. Per mezzo di essa questi viene chiamato e reso "capace" di partecipare all'imperscrutabile vita di Dio»[8].

La comunione trinitaria «genera» la comunità. Dalla comunità nasce la missione come esigenza irrinunciabile della comunione. Essere comunità ed essere missione diventano così due esperienze inscindibili, che hanno la loro origine nella Santissima Trinità. La comunione, come dono dello Spirito Santo, spinge i battezzati a vivere insieme, a fare comunità, come abbiamo visto nell'esperienza della Chiesa nascente trasmessaci dagli Atti degli Apostoli. La comunione e la missione prendono forma nella comunità ecclesiale, composta da persone che vivono insieme, tentando di incarnare la vita di comunione, ad immagi-

---

[5] DeV 8.
[6] Cf. Gv 17, 21-23.
[7] Mt 28,19.
[8] DeV 9.

ne della Trinità. L'essere «Comunità per la missione *ad gentes*» si realizza a partire dalla pericoresi trinitaria e si esprime missionariamente nell'edificazione delle Chiese locali, secondo i criteri dell'ecclesiologia e della spiritualità di comunione, nella missione *ad gentes*. La Chiesa, infatti, per poter offrire a tutti il mistero della salvezza e la vita portata da Dio, «deve inserirsi in tutti i diversi raggruppamenti umani con lo stesso movimento, con cui Cristo stesso, attraverso la sua incarnazione, si legò alle determinate condizioni sociali e culturali degli uomini, con cui visse»[9].

Abbiamo potuto, infine, considerare l'azione dello Spirito Santo, che è «anche oggi all'opera nella Chiesa e le concede nuovi doni, grazie ai quali essa rivive la gioia della sua giovinezza»[10], come la nascita di Nuove Comunità che, a partire da un'intensa vita di comunione, si dedicano totalmente alla missione *ad gentes*.

In conclusione ci pare di poter confermare quanto postulato all'inizio di questo lavoro. L'edificazione delle Chiese locali, nella missione *ad gentes*, avviene a partire da una *comunità evangelizzatrice* che vive al suo interno l'amore trinitario, secondo quella relazione pericoretica di cui la Santissima Trinità è il modello e il fondamento. Questa prospettiva ci pare renda più completa la visione del fondamento trinitario della missione *ad gentes* che, come abbiamo visto comprende non solo le missioni divine *ad extra* ma anche e soprattutto la Trinità stessa come comunione delle Persone divine, cioè la Trinità immanente. Ed è proprio questa Trinità che è la fonte e la causa primordiale della missione della Chiesa[11]. Il Signore Gesù ha rivelato un volto concreto della Trinità ai suoi discepoli: «Io e il Padre siamo una cosa sola»[12]. La preghiera di Gesù per i discepoli esprime, come abbiamo visto, il desiderio che essi prendano coscienza della vita trinitaria che sta alla base dei loro rapporti, e che Cristo stesso ha donato all'umanità: «Come tu, Padre, sei in me e io in te, siano anch'essi in noi una cosa sola, perché il mondo creda che tu mi hai mandato»[13].

In questa prospettiva comprendiamo come la *pericoresi* trinitaria sia veramente il modello e il fondamento della vita di relazione della *comunità evangelizzatrice* che vive la vita di comunione ad immagine

---

[9] AG 10.
[10] J. RATZINGER, «I movimenti ecclesiali», 51.
[11] Cf. A. WOLANIN, «Fondamento trinitario della missione», 38.
[12] Gv 10,30.
[13] Gv 17,21.

della Trinità, per esserne annuncio e testimonianza nell'edificazione delle Chiese locali, negli immensi territori della missione *ad gentes*. Ogni uomo è chiamato a partecipare alla vita di Dio Uno e Trino e proprio in questa partecipazione alla vita trinitaria è contenuto il cuore del fondamento trinitario della missione della Chiesa. Partecipare alla vita trinitaria significa conoscere la vita di Dio. L'unità e la vita di relazione, che il modello trinitario ci offre, possono diventare un cammino di fede e possono costituire il continuo impegno di vita per ogni membro della comunità cristiana. La comunità, vivendo al suo interno la dinamica comunionale-trinitaria, diventa così una comunità che evangelizza, che testimonia con la propria vita e l'unità dei membri, l'amore di Dio che «cerca» l'uomo per renderlo partecipe della sua stessa vita divina. «E piacque a Dio chiamare gli uomini alla partecipazione della sua vita non solo ad uno ad uno, senza alcuna mutua connessione, ma farli diventare un popolo, nel quale i suoi figli, che erano dispersi, si raccogliessero in unità (Cf. Gv 11,52)[14]».

Vorremmo concludere il nostro studio, con le parole del Card. J. Daniélou, il quale esprime la consapevolezza che solo Dio può introdurci nel mistero di Dio. «Soltanto la Trinità può introdurci nel segreto della sua misteriosa vita. Non ci apriamo a Dio se non dopo aver superato le pretese dell'intelligenza che vorrebbe in qualche modo forzare il mistero. È vera perciò la parola del Signore: "Ti glorifico, Padre, perché hai nascosto queste cose ai sapienti e agli scaltri, e le hai rivelate ai semplici" (Mt 11,25). Ecco il senso pieno di quella beatitudine: «Il regno dei cieli è dei fanciulli e di coloro che a loro assomigliano" (Mt 10,14): non c'è che una via d'accesso alla conoscenza del mistero di Dio, l'umiltà totale, che ci fa prendere coscienza della nostra intera e radicale impotenza»[15].

---

[14] AG 2.
[15] J. DANIÉLOU, *La Trinità*, 30.

SIGLE E ABBREVIAZIONI

AA	*Apostolicam Actuositatem*. Decreto del Concilio Vaticano II sull'apostolato dei laici (18 novembre 1965)
AAS	Acta Apostolicæ Sedis, Città del Vaticano, 1909-
ACaR	*The Australasian Catholic Record*
AcCa	*Actualidad Catequética*
Ad Gentes	*Ad Gentes. Teologia e antropologia della missione.*
AfER	*African Ecclesial Review*
AG	*Ad Gentes*. Decreto del Concilio Vaticano II sull'attività missionaria della Chiesa (7 dicembre1965)
AJTh	*Asia Journal of Theology*
ANRSM	Administration de la Nouvelle Revue de Science Missionnaire
ASMS	American Society of Missiology Series
ASy	*Acta Synodalia Sacrosancti Concilii Oecumenici Vaticani Secundi*, Città del Vaticano 1974-1978.
At	Libro degli Atti degli Apostoli
ATI	Associazione Teologica Italiana
BgMiss	*Bibliografia Missionaria*
BEFil	*Boletin Eclesiastico de Filipinas*
BTCon	Biblioteca di Teologia contemporanea
CaOg	Catecumeni Oggi
Cap	Capitolo
CatMiss	*Catechesi missionaria*
CC	*Comunione e comunità*. Documento pastorale della CEI (1 ottobre1981)
CCC	*Catechismo della Chiesa Cattolica*, Città del Vaticano 1992
CCM	*Comunione e comunità missionaria*. Documento pastorale della CEI (29 giugno 1986)

CCS	Corpus christianorum seu nova Patrum collectio, Tournhout-Paris 1953–
CEI	Conferenza Episcopale Italiana
Cf	Confronta
CFCCMC	Commissione di Fede e Costituzione del Consiglio Mondiale delle Chiese
ChL	*Christifideles Laici*. Esortazione apostolica di Giovanni Paolo II (30 dicembre1988)
CivCatt	*La Civiltà Cattolica*
CMi	Carisma e missione
CN	*Communionis Notio*. Lettera della Congregazione per la Dottrina della Fede (28 maggio1992)
CO	*Credere Oggi*
Col	Lettera di S. Paolo ai Colossesi
Comd	*Comunidades*
Com(I)	*Communio*. Rivista Internazionale di Cultura e Teologia
CoMen	*Comunicado Mensal*
Con	Confer
Conc(I)	*Concilium*. Rivista Internazionale di Teologia
CoTeol	Contributi di Teologia
ConServ	*Consacrazione e servizio*
Cor	Lettera di S. Paolo ai Corinti
CNS/T	Cammino nello Spirito. Teologia
CTI	Commissione Teologica Internazionale
DeV	*Dominum et vivificantem*. Lettera Enciclica di Giovanni Paolo II (18 maggio 1985)
DDVe	Diaconia della Verità
DH	*Dignitatis humanæ*. Dichiarazione del Concilio Vaticano II sulla libertà religiosa (7 dicembre1965)
Did(L)	*Didaskalia*
DizMiss	*Dizionario di Missiologia*, Pontificia Università Urbaniana, Bologna 1993.
DS	*Enchiridion symbolorum definitionum et declarationum de rebus fidei et morum*, ed. H. Denzinger – A. Schönmetzer, Freiburg im Breisgau 1965[35]
DTDC	*Diccionario Teologico El Dios Cristiano*, ed. X.I. Pikaza – N. Silanes, Salamanca 1992.

DV	*Dei Verbum*. Costituzione dogmatica del Concilio Vaticano II sulla Divina Rivelazione (18 novembre 1965)
ECC	*Eucaristia, comunione e comunità*. Documento pastorale della CEI (22 maggio 1983)
Eccl(M)	*Ecclesia*
ECEI	*Enchiridion della Conferenza Episcopale Italiana, Decreti, Dichiarazioni, Documenti pastorali per la Chiesa italiana*, ed. A. Arrighini – E. Lora, Bologna 1985
ED	*Euntes Docete*
EdE	*Ecclesia de Eucharistia*. Lettera Enciclica di Giovanni Paolo II (17 aprile 2003)
Ef	Lettera di S. Paolo agli Efesini
EN	*Evangelii Nuntiandi*. Esortazione apostolica di Paolo VI del (8 dicembre1975)
EnchVat	*Enchiridion Vaticanum*, Documenti del Concilio Vaticano II (1962-1965), I, Bologna 2000[17]
EMQ	*Evangelical Missions Quarterly*
EstFr	*Estudios Franciscanos*
EstMis	*Estudios de Misionología*
EstTrin	*Estudios Trinitarios*
Fil	Lettera di S. Paolo ai Filippesi
FKTh	*Forum Katholische Theologie*
Gal	Lettera di S. Paolo ai Galati
GCS	Die griechischen christlichen Schriftsteller der ersten Jahrhunderts, Leipzig 1877 –
Ger	Libro del profeta Geremia
GLNT	*Grande Lessico del Nuovo Testamento*, ed. G. Kittel – G. Friedrich, Brescia 1965-
GNA	Già e non ancora
Gr	*Gregorianum*
GS	*Gaudium et Spes*. Costituzione pastorale del Concilio Vaticano II sulla Chiesa nel mondo (7 dicembre 1965)
Gv	Vangelo secondo S.Giovanni
HeR	*Hekima Review*
HoTh	*Ho Theológos*
Hum(B)	*Humanitas*
IACM	International Association of Catholic Missiologists
IBC	Itinerari Biblici per la comunità
Ibid.	*Ibidem*

IBMR	*International Bulletin of Missionary Research*
ID.	*Idem*
IgMis	*Igreja e Missão*
InIMER	Interuniversity Institute for Missiological and Ecumenical Research
IrIyK	*Irai Iyal Kolangal*
IThQ	*Irish Theological Quarterly*
Itin	*Itinerarium*
JThS	*The Journal of Theological Studies*
KrJ	*Kristu Jyoti*
LA	Le Ancore
Lat	*Lateranum*
Lc	Vangelo secondo S. Luca
LG	*Lumen Gentium.* Costituzione dogmatica del Concilio Vaticano II sulla Chiesa (21 novembre 1964)
Lit(T)	*Liturgia*
LKTh	Lahrbücher zur Katholischen Theologie
LOg	Laici Oggi
May	*Mayéutica*
Mc	Vangelo secondo S. Marco
MCl	Missione e Chiesa locale
MCon	Magistero Conciliare
Mi	*Missionaria*
MisEx	*Misiones Extranjeras*
MisTM	*Misioneros Tercer Milenio*
Miss	*Missiology*
MissÉg	*Mission de l'Église*
MissÉtP	*Missions Étrangères de Paris*
MissF	*Mission Focus*
MissOg	*Missione Oggi*
MissOMI	*Missioni OMI*
MoMi	*Mondo e Missione*
MSF	Misión sin fronteiras
Mt	Vangelo secondo S. Matteo
MuMi	*Mundo e Missão*
MySal	*Mysterium Salutis,* ed. J. Feiner -- M. Löhrer, Brescia 1980
n./nn.	Numero/numeri
NBA	Nuova Biblioteca Agostiniana

NCCR	*National Council of Churches Review*
NMI	*Novo millennio ineunte.* Lettera apostolica di Giovanni Paolo II (6 gennaio 2001)
NRTh	*Nouvelle Revue Théologique*
NS	*Nuovi saggi*
NST/M	*Nuovi Saggi Teologici. Manuali*
NUm	*Nuova Umanità*
OBMR	*Occasional Bulletin of Missionary Research*
OmTe	*Omnis Terra*
OR	*L'Osservatore Romano*
Orig	*Origins*
OrPast	*Orientamenti Pastorali*
p./pp.	Pagina/pagine
PaG	*Pastores Gregis.* Esortazione apostolica post-sinodale di Giovanni Paolo II (16 ottobre 2003)
PC	*Perfectae caritatis.* Decreto del Concilio Vaticano II sul rinnovamento della vita religiosa (28.10.1965)
PCL	Pontificium Consilium pro Laicis
PerTeol	*Perspectiva Teológica*
PG	Patrologiae cursus completus. Series graeca, ed. J.P.Migne
PL	Patrologiae cursus completus. Series latina, ed. J.P.Migne
PO	*Presbyterorum Ordinis.* Decreto del Concilio Vaticano II sul ministero e la vita sacerdotale (7 dicembre 1965)
Puebla	Documento della Terza Conferenza Generale dell'Episcopato Latinoamericano, Puebla de los Angeles (27 gennaio – 13 febbraio 1979)
PUU	Pontificia Università Urbaniana
QOR	Quaderni dell'Osservatore Romano
RC	*Rinnovamento della catechesi.* Documento della CEI (2 febbraio1970)
RCI	*La Rivista del Clero Italiano*
RdT	*Rassegna di Teologia*
RedMiss	*Redemptoris Missio*
RegnoAtt	*Il Regno – Attualità*
RegnoDoc	*Il Regno – Documenti*
RH	*Redemptor hominis.* Lettera Enciclica di Giovanni Paolo II (4 marzo 1979)

RMi	*Redemptoris Missio*. Lettera Enciclica di Giovanni Paolo II (7 dicembre 1990)
Rom	Lettera di S. Paolo ai Romani
RSLR	*Rivista di Storia e Letteratura Religiosa*
RSRel	*Rivista di Scienze Religiose*
RSEc	*Rivista di Studi Ecumenici*
RTEv	*Rivista di Teologia dell'Evangelizzazione*
Sap	Libro della Sapienza
SC	*Sacrosanctum Concilium*. Costituzione del Concilio Vaticano II sulla Sacra Liturgia (4 dicembre 1963)
ScC	*La Scuola Cattolica*
ScrTh	*Scripta Teologica*
SE	Simbolica ecclesiale
Sec.	Secolo
SedBull	*SEDOS Bulletin*
Sp	*Spiritus*
SpNT	Spiritualità del nostro tempo
SR	Studi religiosi
SRS	*Sollicitudo rei socialis*. Lettera enciclica di Giovanni Paolo II (30 dicembre 1987)
Ss	seguenti
SSR	Strumenti di Scienze Religiose
StMiss	*Studia Missionalia*
Teol(Br)	*Teologia*. Rivista della Facoltà Teologica dell'Italia Settentrionale
Tess	Lettera di S. Paolo ai Tessalonicesi
TG/M	Tesi Gregoriana. Missiologia
ThR	*Theologische Rundschau*
TL	Teologia e liberazione
Tm	Lettera di S. Paolo a Timoteo
TMA	*Tertio millennio adveniente*. Lettera Apostolica di Giovanni Paolo II (10 novembre 1994)
Tr	*La Traccia*
TsXXI	Teologia siglo XXI
UR	*Unitatis Redintegratio*. Decreto del Concilio Vaticano II sull'Ecumenismo (21 novembre 1964)
UT/D	Universo Teologia. Dogmatica.
ViRe	*Vida Religiosa*

VitaCon	*Vita Consacrata*
VJTR	*Vidyajyoti Journal of Theological Reflection*
VObL	*Vite Oblate Life*
Vol. / voll.	volume / volumi
VSVD	*Verbum*
Yac	*Yachay*
ZNW	*Zeitschrift für die neutestamentliche Wissenschaft und die Kunde der älteren Kirche.*

BIBLIOGRAFIA

1. Fonti

1.1 Documenti del Concilio Vaticano II

Acta et documenta Concilio Vaticano II apparando, cura et studio Archivii Concilii Oecumenici Vaticani II, series I (*Antepraeparatoria*), 4 voll., Città del Vaticano 1960-1961.

Acta et documenta Concilio Vaticano II apparando, cura et studio Archivii Concilii Oecumenici Vaticani II, series II (*Praeparatoria*), 3 voll., Città del Vaticano 1964-1969.

Acta synodalia Sacrosancti Concilii Oecumenici Vaticani II, Città del Vaticano 1970–

CONCILIO ECUMENICO VATICANO II, «Costituzione dogmatica sulla Chiesa *Lumen Gentium»,* Sessione V, 21 nov.1964, AAS 57 (1965) 5-67; ASy vol. III, pars VIII, 784-836. Nota explicativa praevia: AAS 72-75; ASy 9-13; *EnchVat* 1/284-456.

———, «Costituzione dogmatica sulla divina rivelazione *Dei verbum»,* Sessione VIII, 18 nov. 1965, AAS 58 (1966) 817-830; ASy vol. IV, pars VI, 597-609. *EnchVat* 1/872-911a.

———, «Costituzione pastorale sulla Chiesa nel mondo contemporaneo *Gaudium et spes»,* Sessione IX, 7 dic. 1965, AAS 58 (1966) 1025-1115; ASy vol. IV, pars VII, 733-804; *EnchVat* 1/1319-1644.

———, «Costituzione sulla sacra liturgia *Sacrosanctum Concilium»,* Sessione III, 4 dic. 1963, AAS 56(1964) 97-134; ASy vol. II, pars III, 409-439; *EnchVat* 1/344-433.

———, «Decreto sull'apostolato dei laici *Apostolicam actuositatem»,* Sessione VIII, 18 nov. 1965, AAS 58 (1966) 837-864, ASy vol. IV, pars VI, 609-632. *EnchVat* 1/912-1041.

CONCILIO ECUMENICO VATICANO II, «Decreto sull'attività missionaria della Chiesa *Ad gentes*», Sessione IX, 7 dic. 1965, AAS 58 (1966) 947-990; ASy vol. IV, pars VII, 673-704; *EnchVat* 1/1087-1242.

———, «Decreto sull'ecumenismo *Unitatis redintegratio*», Sessione V, 21 nov. 1964, AAS 57(1965) 90-107; ASy vol. III, pars VIII, 845-859; *EnchVat* 1/494-572.

———, «Decreto sul rinnovamento della vita religiosa *Perfectae caritatis*», Sessione VII, 28 ott. 1965, AAS 58 (1966), 702-712; ASy vol. IV, pars V, 584-593; *EnchVat* 1/702-770.

———, «Dichiarazione sulla libertà religiosa *Dignitatis humanae*, Sessione IX, 7 dic. 1965, AAS 58 (1966) 929-941; ASy vol. IV, pars VII, 663-673; *EnchVat* 1/1042-1086.

1.2 *Documenti Pontifici*

GIOVANNI PAOLO II, «Discorso in occasione dell'Incontro con i Movimenti Ecclesiali e le Nuove Comunità», Roma 30 maggio 1998, in PCL, *I movimenti della Chiesa*, Atti del Congresso mondiale dei movimenti ecclesiali, Roma 27-29 maggio 1998, LOg 2, Città del Vaticano 1999, 219-224.

———, «Esortazione apostolica post sinodale *Christifideles laici* su vocazione e missione dei laici nella chiesa e nel mondo», 30 dic. 1988, AAS 81 (1989), 393-521; *EnchVat* 11/1606-1900.

———, «Esortazione apostolica post-sinodale *Pastores gregis,* sul Vescovo servitore del Vangelo di Gesù Cristo per la speranza del mondo», 16 ott. 2003, Città del Vaticano 2003.

———, «Lettera apostolica *Novo millennio ineunte*, al termine del Grande Giubileo dell'Anno 2000», AAS 5 (2001) 266-309.

———, «Lettera apostolica *Tertio millennio adveniente* in preparazione al Giubileo dell'Anno 2000», 10 nov. 1994, AAS 87 (1995) 5-41; *EnchVat* 14/1714-1820.

———, «Lettera enciclica *Dominum et vivificatem* sullo Spirito Santo nella vita della Chiesa e del mondo», 18 mag. 1986, AAS 78 (1986) 809-900; *EnchVat* 10/286-461.

———, *Lettera alle famiglie*, 2 feb. 1994, AAS 86 (1994) 368-925; *EnchVat* 14/158-344.

GIOVANNI PAOLO II, «Lettera enciclica *Ecclesia de Eucharistia,* ai Vescovi, ai presbiteri e ai diaconi, alle persone consacrate e a tutti i fedeli laici sull'Eucaristia nel suo rapporto con la Chiesa, 17.04.2003, Milano 2003.

——, «Lettera enciclica *Redemptor hominis* all'inizio del ministero pontificale, 4 mar. 1979, AAS 71 (1979) 257-324; *EnchVat* 6/1167-1298.

——, «Lettera enciclica *Redemptoris missio* sulla permanente validità del mandato missionario, 7 dic. 1990, AAS 83 (1991) 249-340; *EnchVat* 12/547-732.

——, «Lettera enciclica *Sollicitudo rei socialis* nel ventesimo anniversario dell'enciclica "Populorum progressio"», 30 dic. 1987, AAS 80 (1988), 513-586; *EnchVat* 10/2503-2713.

——, «Catechesi sul Mistero di Dio», *OR* 5.12.1985, 4.

——, «La Chiesa missionaria», *OR,* Supplemento settimanale 16 (2755) del 21.04.1995, 15.

——, «La dimensione missionaria della Chiesa. Ai superiori della Congregazione per l'Evangelizzazione dei Popoli, 31 maggio», *Tr* 23 (2002) 269-470.

——, «L'Eucaristia, sorgente dell'impegno missionario», *Tr* 21 (2000) 563-566.

——, «La missione evangelizzatrice. Visita ad limina dei Vescovi del Brasile (Nordeste 5), 19 ottobre», *Tr* 23 (2002) 898-901.

——, «Il senso della missione sull'esempio di Gesù Cristo. Santa Messa per la Giornata Missionaria Mondiale, 22 ottobre 2000», *Tr* 21 (2000) 997-999.

——, «La Trinità: inizio e fine della storia della salvezza», *Tr* 21 (2000) 38-40.

PAOLO VI, «Esortazione apostolica *Evangelii nuntiandi* sull'evangelizzazione nel mondo contemporaneo», 8 dic. 1975, AAS 58 (1976) 5-76; *EnchVat* 5/1588-1716.

1.3 *Altri documenti*

Catechismo della Chiesa cattolica, Città del Vaticano 1992.

CONFERENZA EPISCOPALE ITALIANA, Documento pastorale *Comunione e comunità*: I, Introduzione al piano pastorale, 1.10.1981, *ECEI* 3/633-706.

CONFERENZA EPISCOPALE ITALIANA Documento pastorale *Comunione e comunità*: II, Comunione e comunità nella Chiesa domestica, 1.10.1981, *ECEI* 1/707-742.

―――, Documento pastorale *Comunione, Comunità e disciplina ecclesiale*, 1.1.1989, *ECEI* 4/1343-1423.

―――, Documento pastorale *Comunione e comunità missionaria*, 29.06.1986, *ECEI* 4/114-148.

―――, Documento pastorale *Eucaristia, comunione e comunità*, 22.05.1983, *ECEI* 3/721-790.

―――, *Il rinnovamento della catechesi. Documento di base per la redazione dei catechismi*, 2.2.1970, *ECEI* 1/2362-2973.

―――, *Riconciliazione cristiana e comunità degli uomini. Atti del II Convegno ecclesiale, Loreto 9-13 aprile 1985*, Roma 1985.

CONGREGATIO PRO DOCTRINA FIDEI, Litterae *Communionis notio* ad Catholicae Ecclesiae Episcopos de aliquibus aspectibus Ecclesiae prout est communio, 28 maii 1992: AAS 85(1993) 838-850. Versione italiana: *EnchVat* 13/1774-1807.

PUEBLA, *L'evangelizzazione nel presente e nel futuro dell'America Latina*, Puebla-Documenti, Bologna 1985.

SYNODUS EPISCOPORUM (in coetum generalem extraordinarium congregata, 1985), *Relatio finalis*, Ecclesia sub verbo Dei mysteria Christi celebrans pro salute mundi, 7 decembris 1985, Città del Vaticano 1985. Versione italiana: *OR* 10 dicembre 1985, 6-7; *EnchVat* 9/1779-1818

PONTIFICIE OPERE MISSIONARIE – DIREZIONE NAZIONALE ITALIANA, ed., *Enchiridion della Chiesa missionaria*, Strumenti, Bologna 1997.

PONTIFICIO ISTITUTO DI STUDI ORIENTALI, *Concilium Florentinum*, 10 voll., Roma 1970–

2. Autori

ABLONDI, A., «Dalla Trinità alla Comunità», *ConServ* 10 (1979) 7-17.

ACERBI, A., *Due ecclesiologie: Ecclesiologia giuridica ed ecclesiologica nella Lumen Gentium*, Bologna 1975.

AGOSTINO, *La Trinità*, (Testo latino dall'edizione maurina confrontato con l'edizione del Corpus Christianorum. Introduzione A. Trapè – M.F. Sciacca. Traduzione G. Beschin) NBA, Opere di S. Agostino, I/IV, Roma 1973.

AHRENS, T., «Missionswissenschaft», *ThR* 65 (2000) 180-205.

ALBERIGO, G., «Prospettive dell'ecclesiologia cattolica dopo il Vaticano II», *RSLS* 3 (1967) 81-98.

AMALADOSS, M., «The call to communion: symbol of a new world. A challenge to the religious», *VJTR* 61 (1997) 446-459.

———, «Eucharist and mission», *VSVD* 37 (1996) 263-274.

———, «Jésus Christ, le Seul Sauveur, et la Mission», *SedBull* 32 (2000) 335-339.

———, «Mission in a post-modern word. A call to be counter-cultural», *SedBull* 28 (1996) 235-241.

———, «Proclamer l'Evangile», *Sp* 37 (1996) 347-355.

ANCILLI, E., ed., *La Chiesa sacramento di comunione*, Roma 1979.

ANGE, D., *Dalla Trinità all'Eucaristia. L'Icona della Trinità di Rublëv*, Milano 1989.

ARAUJO, A.S., «Das Missões paroquiais, à imprensa e às missões ad gentes», *Itin* 44 (1998) 160, 91-123.

ASSOCIAZIONE TEOLOGICA ITALIANA, «Tesi sul Filioque», *RdT* 25 (1984) 37-88.

AUNG, S., «Relational Trinity and its conceptual implications for Asia community», *AJTh* 14 (2000) 82-92.

AURORA, M.M., «The eucharist and our mission», *VSVD* 37 (1996) 275-288.

AVITIA AGUILAR, J.C., «La misión de la Iglesia. Fondamentos teológicos de su actividad misionera», *May* 27 (2001) 5-115.

BALLAN, R., *Partire dal suo volto. Lettura missionaria della «Novo Millennio Ineunte»*, MCl, Bologna 2002.

von BALTHASAR, H.U., *Gottbereites Leben*, Einsiedeln 1993.

———, «Mysterium Paschale», in *MySal* III/2, Brescia 1980.

———, *Nuovo Patto. Volume sette di Gloria. Una estetica teologica*. Traduzione di Gildo Manicardi – Guido Sommavilla, GNA 16, Milano 1991².

———, *Sponsa Verbi*, Saggi teologici, 2, Brescia 1985³.

———, *L'ultimo atto. Volume cinque di Teodrammatica*. Traduzione di Guido Sommavilla, GNA 138, Milano 1985.

———, *Verità di Dio. Volume due di Teologica*, Traduzione di Guido Sommavilla, GNA 194, Milano 1990.

BANDERA, A., *Comuníon eclesial y humanidad*, Salamanca 1978.

BARAÙNA, G., ed., *La Chiesa del Vaticano II. Studi e commenti intorno alla Costituzione dogmatica «Lumen Gentium»*. Firenze 1965.

BARREDA, J.A., «La Chiesa come comunione, soggetto di evangelizzazione», *ED* 49 (1996) 79-97.

———, «La testimonianza della Comunità condizione del primo annuncio», *RedMiss* 1 (2001) 10-20.

———, *Missionologia. Uno studio introduttivo*, UT/D 78, Cinisello Balsamo 2003.

BARTH, K., *Die kirchliche Dogmatik*, I/1, München 1932.

BERMEJO, L.M., *Church, Conciliarity and Communion*, Anand-Gurajat 1990.

BJORK, D.E., «Toward a Trinitarian Understanding of Mission in Post-Christendom Lands», *Miss* 27 (1999) 231-244.

BLANDINO, G., *L'Unità e Trinità di Dio. L'Incarnazione. I due massimi misteri*, Roma 1998.

BLAUW, J., *The missionary of the Church*, London 1964.

BOFF., L., *Trinità: la migliore comunità*, SpNT, Assisi 1990.

———, *Trinità e società*, TL 5, Città di Castello 1987.

BONIVENTO, C., *Sacramento di unità. La dimensione missionaria fondamento della nuova ecclesiologia*, Bologna 1976.

BONHOEFFER, D., *La vita comune*, NS 11, Brescia 1981⁹.

BORDONI, M., «Cristologia e pneumatologia. L'evento pasquale come atto del Cristo e dello Spirito», *Lat* 157 (1981) 432-492.

BORGES DE PINHO, J.E., «Evangelização – dimensão interna ed externa», *IgMis* 49 (1997) 291-330.

BORI, C., *Koinonia. L'idea di comunione nell'ecclesiologia recente e nel N.T.*, Brescia 1972.

BOSCH, D.J., *La trasformazione della missione. Mutamenti di paradigma in missiologia*, BTCon 109, Brescia 2000.

BROWN, R., *Le Chiese degli apostoli. Indagine esegetiche sulle origini dell'ecclesiologia*, Casale Monferrato 1992.

BUENO DE LA FUENTE, E., *La Iglesia en la encrucijada de la misión*, MSF, Estella 2000.

———, «Una experiencia paradigmática de misión», *MisEx* 187 (2002) 5-19.

BÜHLMANN, W., *La terza Chiesa alle porte,* Roma 1974.

——, «Igreja mundial ou igrejas continentais», *PerTeol* 28 (1996) 365-368.

——, «The new ecclesiology of Vatican II: what is the reality after 30 years?», *SedBull* 29 (1997) 161-175.

BULGAKOV, S., *Il paraclito,* Bologna 1971.

BUONO, G., *Missiologia. Teologia e prassi,* CNS/T 36, Milano 2000.

BÜRKLE, H., *Die Mission der Kirche,* Amateca, LKTh 13, Paderborn 2002.

——, *Missionstheologie,* Stuttgart - Berlin 1979.

CAGNASSO, F., «La missione e le sfide del tempo presente», *MoMi* 8 (1999) 11-14.

CALDERÓN CAMACHO, W.O., *Formación de comunidades cristianas. Cursc de formación misionera,* Santafé de Bogotá 1999.

CALDERÓN CAMACHO, W.O. – CASTAÑO CARDONA, L.E., *El proyecto de pastoral misionera. Curso de formacíon misionera,* Santafé de Bogotá 1998.

CANOBBIO, G., «La teologia della missione dal Vaticano II ad oggi», *Ad Gentes* 1 (1997) 133-173.

——, «Chiesa estroversa oggi», *RTEv* 5 (2001) 59-74.

CANTALAMESSA, R., *Contemplando la Trinità,* LA, Milano 2002.

——, «Omelia del Venerdì Santo 1992 nella Basilica Vaticana», *OR* 17 (2529) 24.04.1992, 4-5.

CAPDEVILA, V.M., «Trinidad y mision en el evangelio y en las cartas de San Juan», *EstTrin* 15 (1981) 83-153.

CARBONE, V., *Il Concilio Vaticano II, preparazione della Chiesa al Terzo Millennio,* QOR 42, Città del Vaticano 2000.

CASALDÀLIGA, P., «Eucaristia, vida para Igreja missionária», *CoMen* 45 (1996) 1982-1990.

CASTRO QUIROGA, L.A., *Diálogos misioneros y otros alegatos,* Santafé de Bogotá 1996.

——, «Modelos de la Iglesia en la historia de la misión. Su impacto para nosotros hoy», *Yachay* 18 (2001) 21-51.

——, *Perché la gioia sia piena. Corso fondamentale sulla missione,* I-X, Bologna 1995-1996.

——, «Urgencias de la misión ad gentes», *IgMis* 181 (1999) 139-198.

CASSIDY, E.I., «Local Churches and the Universal Church in the Church's Evangelising Mission», *ACaR* 79 (2002) 421-427.

CAVALLOTTO, G., «Catechisti missionari: identità e formazione», *CatMiss* 2 (1996) 12-26.

———, *Catecumenato antico. Diventare cristiani secondo i padri,* CaOg 8, Bologna 1996.

———, «Prima evangelizzazione: gli inizi della fede», *ED* 49 (1996) 137-134.

Chiese locali e cattolicità. Atti del Colloquio Internazionale di Salamanca (2-7 aprile 1991), Bologna 1994.

CERINI, M., «Trinità e Chiesa: una riflessione teologica a partire dall'esperienza di "Gesù in mezzo"», *NUm* 30 (1983) 105-108.

CHARLES, P., *Études missiologiques,* Bruges 1956.

———, *Les dossiers de l'action missionnaire. Manuel de missiologie,* Louvain-Bruxelles 1938.

———, *Missiologie, études, rapports, conférences,* Lovanio 1939.

CHUPUNGCO, A.J., «Two methods of liturgical inculturation: creative assimilation and dynamic equivalence», *BEFil* 72 (1996) 187-201.

CIARDI, F., «La comunione missionaria e la missione per la comunione», in *Le sfide missionarie del nostro tempo,* Bologna 1996, 85-114.

———, *Il coraggio della comunione. Vie nuove per la vita religiosa,* Roma 1994.

———, *Esperti di comunione. Pretesa e realtà della vita religiosa,* Cinisello Balsamo 1999.

———, *Koinonia. Itinerario teologico-spirituale della Comunità religiosa,* Roma 1992.

CIPOLLONE, P., *Studio della spiritualità trinitaria nei capitoli I-IV della Lumen Gentium,* Roma 1986.

CIPRIANI, S., «Chiesa comunione - comunità: alle sorgenti della Missione», *OrPast* 1 (1987) 21-38.

CLEMENT, O., *Les mystiques chrétiens des origines,* Paris 1982.

CODA, P., «Dio nella riflessione teologica contemporanea», in G. ZANCHÌ - al., *Il Dio di Gesù Cristo,* Roma 1982, 237-251.

———, *Evento pasquale. Trinità e storia,* Roma 1984.

CODA, P., «I movimenti ecclesiali, dono dello Spirito. Una riflessione teologica», in PCL, *I movimenti nella Chiesa*. Atti del Congresso mondiale dei movimenti ecclesiali, Roma 27-29 maggio 1998, LOg 2, Città del Vaticano 1999, 77-103.

———, «Per una ontologia trinitaria della Carità», *Lat* 51 (1985) 60-77.

———, «Lo Spirito Santo come "in mezzo-persona" che compie l'unità nella teologia di S. Bulgakov», *NUm* 52/53 (1988) 23-46.

———, ed., *La Trinità, vita di Dio, progetto dell'uomo. Per una risposta alla sfida dell'oggi*, Roma 1987.

———, *Trinità. Vita di Dio. Progetto dell'uomo*, Roma 1987.

CODA, P. – L'UBOMÍR Ž., ed., *Abitando la Trinità. Per un rinnovamento dell'ontologia*, Roma 1998.

COFFELE, G., *J. Ch. Hoekendijk. Da una teologia della missione a una teologia missionaria*, Roma 1986.

COLA, S., *La Trinità. Fatti e retroscena fino alla formulazione del dogma*, Roma 1993.

COLLET, G., *Das Missionsverständnis der Kirche in der gegenwärtigen Diskussion*, Mainz 1984.

———, «*...Fino agli estremi confini della terra. Questioni fondamentali di teologia della missione*», BTCon 128, Brescia 2004.

———, «Teologia della missione o delle missioni? Osservazioni sull'uso di un termine controverso», *Conc(I)* 35 (1999) 135-144.

COLOMBO G., «Evangelii Nuntiandi», *RTEv* 4 (2000) 245-249.

———, «Il "Popolo di Dio" e il "mistero" della Chiesa nell'ecclesiologia post-conciliare», *Teol(Br)* 10 (1985) 109.

COLZANI, G., «La Chiesa locale e la missione: un compito e un problema», *ScC* 113 (1985) 478-499.

———, «Evangelizzare all'inizio del nuovo millennio. Per una verifica dell'impegno apostolico ad gentes», *Ad Gentes* 4 (2000) 7-10.

———, *La missionarietà della Chiesa. Saggio storico sull'epoca moderna fino al Vaticano II*, Bologna 1975.

———, «Il movimento dell'amore trinitario verso tutta l'umanità», *Ad Gentes* 4 (2000) 173-179.

———, «Nuova evangelizzazione, sfida comune. Sulla relazione tra Chiesa e movimenti», *RCI* 81 (2000) 646-665.

COLZANI, G «L'ora della missione mondiale. Senso e problemi di un mutamento», *ScC* 114 (1986) 677-715.

———, «Il regno di Dio e la teologia della missione», *RCI* 73 (1992) 165-180.

———, *Teologia della missione. Vivere la fede donandola*, Padova 1996.

———, «Teologia della missione dopo il Concilio Vaticano II», *OmTe* 19 (2001) 17-23.

COLZANI, G. – GIGLIONI, P. – KAROTEMPREL, S., ed., *Cristologia e missione oggi*. Atti del Congresso internazionale di missiologia, PUU - IACM, Roma 17-20 ottobre 2000, Città del Vaticano 2001.

COMBLIN, J., «Actualidade da Teologia da missão», *IgMis* 25 (1973) 273-338, 475-502.

———, *Evangelizzare*, Roma 1982.

———, *La forza della Parola*, Roma 1989.

———, *Teologia della missione*, Roma 1982.

COMBY, J., *Duemila anni di evangelizzazione. Storia dell'espansione cristiana*, Torino 1994.

———, *Credo nello Spirito Santo*, I-III, Brescia 1983.

———, *Diversités et communion*, Paris 1982.

———, *Ministri e comunione ecclesiale*, Bologna 1973.

———, «Tutto il Vangelo a tutti i popoli», *MoMi* 125 (1996) 11-14.

COMMISSIONE TEOLOGICA INTERNAZIONALE, «Teologia, Cristologia, Antropologia», *CivCatt* 3181 (1983) 15-65.

«Comunità missionaria», Editoriale *RCI* 10 (1986) 642-645.

CONGREGAZIONE PER L'EVANGELIZZAZIONE DEI POPOLI – PUU, *A dieci anni dall'Enciclica* Redemptoris Missio, Città del Vaticano 2001.

CONNORS, J.S., «Toward a trinitarian theology of Mission», *Miss* 2 (1981) 155-168.

CORDES, P.J., *Communio*, Roma 1994.

———, *Non estinguete lo Spirito. Carismi e nuova evangelizzazione*, Cinisello Balsamo 1992.

———, *Segni di Speranza. Movimenti e nuove realtà nella vita della Chiesa alla vigilia del Giubileo*. Cinisello Balsamo 1998.

COTHENET, E., «La "communio" nel Nuovo Testamento», *Com(I)* 1(1972) 13-21.

COUTO, A., «O Espiritu Santo protagonista da missão nos Actos», *IgMis* 50 (1998) 373-392.

COZZARIN, L., *Dio Onnipotente e Misericordioso. Padre, Figlio e Spirito Santo. Corso di teologia trinitaria*, SSR, Padova 2001.

CURA ELENA, S. del, «Perikhóresis», in *DTDC*, Salamanca 1992, 1086-1094.

DAL COVOLO, E. – TRIACCA A.M., ed., *La missione del Redentore. Studi sull'Enciclica missionaria di Giovanni Paolo II*, Torino 1992.

DANIEL, E., «Encíclicas missionárias: estudo e avaliação teológica da evolução da missiologia pré-conciliar e pós conciliar», *IgMis* 53 (2000) 303-343.

DANIÉLOU, J., *Trinità e mistero dell'esistenza*, Brescia 1969.

D'COSTA, G., *The Meeting of religions and the Trinity*, Edinburgh 2000.

DE ANDIA, Y., «Passione di Cristo, passione di Dio», *Com(I)* 49 (1980) 45-57.

DE FIORES, S., *Trinità mistero di vita. Esperienza trinitaria in comunione con Maria*, UT/D, Cinisello Balsamo 2001.

DE ROSA, G., «Significato e contenuto di "evangelizzazione"», *CivCatt* 128/1 (1977) 321-336.

DELBRÊL, M., *Comunità secondo il Vangelo*, Brescia 1979.

DENESSE, A., «Perichóresis, circumincessio, circuminsessio. Eine terminologische Untersuchung», *ZNW* 47(1923) 497-532.

DEPELESSE, M., *Questa comunità che si chiama Chiesa*, Milano 1971.

DHAVAMONY, M., ed., *Evangelisation*, Roma 1975.

DIANICH, S., *Chiesa estroversa. Una ricerca sulla svolta della teologia contemporanea*, Torino 1987.

———, *Chiesa in missione. Per un'ecclesiologia dinamica*, Cinisello Balsamo 1985.

———, *La Chiesa mistero di comunione*, Casale Monferrato 1985.

DIARRA, P., «Trinité, Eucharistie et mission», *MissÉg* 125 (1999) 53-56.

DOTOLO, C., ed., «La missione oggi. Problemi e prospettive», *ED* 3 (2002) 3-162.

———, *La rivelazione cristiana. Parola, evento, mistero*, DDVe 1, Milano 2002.

DOUGLAS MCCONNELL, C., ed., *The Holy Spirit and mission dynamics*, Pasadena 1997.

D'SA, F.X., *Dio, l'Uno e Trino e l'Uno-Tutto. Incontro tra Cristianesimo e Induismo*, Brescia 1996.

D'SOUZA, D., «A Trinitarian paradigm of communication», *KrJ* 13 (1977) 301-308.

DUJARIER, M., «La mission, plan d'amour du Père», *MissÉg* 121 (1998) 7-11.

DULLES, A., *The Catholicity of the Church*, Oxford 1985.

———, «La recezione in Occidente della *Evangelii Nuntiandi*», *CivCatt* 1 (1996) 28-39.

DUMAIS, M., *Communauté et mission: une relecture des Actes des Apôtres*, Montréal 2000.

———, «La communauté missionnaire dans l'Eglise primitive», *VObL* 49 (1990) 129-145.

DUMITRU, S., *La preghiera di Gesù e lo Spirito Santo. Meditazioni teologiche*, Roma 1990.

DUPUIS, J., «Un Dio Padre di Gesù Cristo per la salvezza del mondo», *RSRel* 13 (1999) 31-47.

———, «Il regno di Dio e la missione evangelizzatrice della Chiesa», *Ad Gentes* 3 (1999) 133-155.

DUQUOC, C., «Discrétion du Dieu trinitaire et mission chrétienne», *SedBull* 31 (1999) 131-135.

ELIA, M., «Il punto di partenza della missione», *MissOg* 4 (2001) 33-36.

———, «Missione ad gentes e pastorale», *MissOg* 3 (2001) 41-44.

ESQUERDA BIFET, J., *Diccionario de la evangelización*, Madrid 1998.

———, *Teología de la evangelización. Curso di misionología*, Madrid 1995.

Evangelizzazione e culture. Atti del Congresso Internazionale Scientifico di Missiologia, Roma 5-12 ottobre 1975, I-III, Roma 1976.

EVDOKIMOV, P., *Lo Spirito Santo nella tradizione ortodossa*, Roma 1971.

FALBO, G., *La Trinità nella nostra vita*, IBC, Roma 1997.

FAVALE, A., *Comunità nuove nella Chiesa*, Sr, Padova 2003.

———, ed., *La Costituzione Dogmatica sulla Chiesa. Introduzione storico dottrinale. Testo latino e traduzione italiana. Commento*, MC, Torino 1965.

FERLAY, P., «Trinité, mort en croix, Eucharistie», *NRTh* 96 (1974) 933-943.

FINI, M., «L'Evangelii Nuntiandi e la Redemptoris Missio», *RTEv* 4 (2001) 251-268.

FORTE, B., «Il cammino della Chiesa in Italia dopo il Concilio. Contributo al discernimento teologico-pastorale alla luce del Vangelo della riconciliazione», in CEI, *Riconciliazione cristiana e comunità degli uomini. Atti del II convegno ecclesiale, Loreto 9-13 aprile 1985*, Roma 1985, 93-126.

———, *La Chiesa della Trinità. Saggio sul mistero della Chiesa comunione e missione*, SE 5, Cinisello Balsamo 1995.

———, *La Chiesa icona della Trinità*, Brescia 1984.

———, *Trinità come storia. Saggio sul Dio cristiano*, Cinisello Balsamo 1988.

———, «La Trinità: storia di Dio nella storia dell'uomo», in CODA, P., ed., *La Trinità. Vita di Dio, progetto per l'uomo. Per una risposta alla sfida dell'oggi*, Roma 1987, 108-129.

———, «Teologie trinitarie attuali», *CO* 34 (1986) 56-70.

FRANCO, E., *Comunione e partecipazione*, Brescia 1986.

FROSINI, G., *La Trinità Mistero Primordiale*, NstM, Bologna 2000.

FUELLENBACH, J., *Church: Community for the Kingdom*, ASMS 33, Maryknoll 2002.

GALOT, J., «Il volto autentico della Trinità», *CivCatt* 145 (1994) 357-368.

GARCÍA EXTREMEÑO, C., *Una nuova época misionera*, TsXXI 13, San Pablo 1995.

GARCÍA PAREDES, J.C.R., «El Espiritu Sancto: nueva evangelización para una nueva humanidad», *EstTrin* 33 (1999) 103-131.

GASSMAN, G., «Da Montréal a Santiago», *RegnoDoc* 17(1993) 522-525.

GEFFRÉ, C., «L'evoluzione della teologia della missione. Dalla "Evangelii Nuntiandi" alla "Redemptoris Missio"», in *Le sfide missionarie del nostro tempo*, Bologna 1996, 63-82.

GIGLIONI, P., «Cultura e liturgia», *ED* 49 (1996) 99-118.

———, «Dieci anni della Redemptoris Missio», *ED* 3 (2000) 3-5.

———, «La missione e l'evangelizzazione nel Direttorio Generale per la Catechesi», *CatMiss* 2 (1998) 6-13.

GIGLIONI, P., *La missione sulle vie del Concilio. Il pensiero missionario di Giovanni Paolo II*, Roma 1988.

———, «Nuova evangelizzazione o evangelizzazione nuova?», *ED* 3 (2000) 15-27.

———, *Teologia pastorale missionaria*, Città del Vaticano 1996.

GIUSTETTI, M., ed., *Comunione e comunità. Koinônia*, Torino 1981.

GRASSO, D., *Decreto sull'attività missionaria della Chiesa*, Alba 1966.

GRESHAKE, G., *Il Dio Unitrino. Teologia trinitaria*, BTCon 111, Brescia 2000.

HAMER, J., *La Chiesa è una comunione*, Brescia 1964.

HART, T., «Person and Prerogative in Perichoretic Perspective», *IThQ* 58 (1992) 46-57.

HASTINGS, A., «The diversities of mission», *Mi* 24 (1996) 3-16.

HENKEL, W., «The Legacy of Robert Streit, Joannes Dindinger, and Johannes Rommerskirchen», *IBMR* 1 (1982) 16-20.

HOUTEPEN, A., «Extra ecclesiam nulla salus?», *RSEc* 15 (1997) 95-108.

———, «Chiesa universale e popolo di Dio disperso: il dibattito ecumenico sulla chiesa locale e universale», *RSEc* 4 (1999) 575-592.

ILLANES, J.L., «Perspectivas para la nueva evangelización», *ScrTh* 29 (1997) 749-770.

KAROTEMPREL, S., ed., *Seguire Cristo nella missione. Manuale di Missiologia*, Cinisello Balsamo 1996.

———, «Il modello della missione cristiana nel terzo millennio», *MissOMI* 10(1996) 13-20.

KASDORF, H., «The Legacy of Gustav Warnek», *OBMR* 3 (1980) 102-107.

KASPER, W., *Il Dio di Gesù Cristo*, BTCon 45, Brescia 1984.

———, *Gesù il Cristo*, BTCon 23, Brescia 1981^4.

KESHISHIAN, A., *Orthodox Perspectives on Mission*, Oxford 1992.

KRESS, R., *The Church: Communion, Sacrament, Communication*, New York - Mahwah 1985.

KÜNG. H., *La Chiesa*, BTCon, 3, Brescia 1969.

de LA SOUJEOLE, B.D., *Il Sacramento della comunione. Ecclesiologia fondamentale*, Religione, Casale Monferrato 2000.

———, *Teologia della Rivelazione*, Assisi 1970.

LASCONI, T., «Le Comunità cristiane delle origini e di oggi», *Via, Verità e Vita* 176 (2000) 8-11.

LATOURELLE, R., «La sainteté signe de la révélation, *Greg* 1 (1965) 45-58.

LE GRAND, L., «Mission trinitaire, mission universelle. Approche biblique», *MisÉtP* (2002) 33-37.

LE GUILLOU, M.J., *Mission et unité. Les exigenses de la comunion*, I-II, Paris 1960.

LEE, J.Y., *The Trinity in Asian perspective,* Nashville 1996.

LE FORT, P., *Les structures de l'Église militante selon Saint Jean. Étude d'ecclésiologie concrète appliquée au IVe èvangile et aux èpîtres joanniques,* Genève 1970.

LÉONARD, A.M., *Trinità eterna. Viatico dell'uomo sulla strada del terzo millennio. Esercizi spirituali in Vaticano.* Cinisello Balsamo 1999.

LIBÂNIO, J.B., «La comunidades eclesiales de base (CEB), una nueva forma de vivir y sentir la iglesia», *StMiss* 45 (1996) 307-330.

LOPEZ-GAY, J., «Ad Gentes», in *DizMiss,* Bologna 1993, 6-9.

———, «L'activité missionnaire à la lumière de la vie Trinitaire», *OmTe* 206 (1985) 158-164.

———, «Dimensione missiologica della comunione ecclesiale», in PONTIFICIE OPERE MISSIONARIE, *La Chiesa mistero di comunione per la missione. Un contributo teologico e pastorale,* Città del Vaticano 1997, 41-47.

———, «La dimensión misionera de la "Encarnación" de Jesús», *OmTe* 29 (1998) 15-17.

———, «La dimensión misionera del misterio pascual», *OmTe* 29 (1998) 270-274.

———, «Ecclesiology in the missiological thinking-of the post conciliar years», *BgMiss* 46 (1992) 377-378.

———, «Ecclesiologia della missione», in *L'ecclesiologia contemporanea,* Padova 1994, 42-68.

———, «La función del Espiritu Santo en el kerigma bíblico», *MisEx* 14 (1967) 425-537.

———, *Introduzione alla Missiologia.* Ad uso degli studenti, Roma 1993.

———, «La misionología postconciliar», *EstMis* 1 (1976) 15-54.

LÓPEZ-GAY, J., «Missiologia contemporanea», in *Missiologia oggi*, Roma 1985, 97-121.

———, «Mission Today. A Reflection on Present Problems and Tendencies», *OT* 25 (1991) 217, 163-171.

———, «Un rinnovato impulso nell'attività missionaria della Chiesa. Una missione senza confini e senza ambiguità», in *Cristo, Chiesa, Missione*, Roma 1992, 89-105.

———, *Lo Spirito Santo e la missione*, Roma 1994.

LOSSKY, V., *La teologia mistica della Chiesa d'Oriente*, Bologna 1967.

de LUBAC, H., *La fede nel Padre in Cristo nello Spirito. Saggio sulla struttura del simbolo apostolico*, I, Torino 1970.

———, *Meditazioni sulla Chiesa*, Milano 1963.

———, *Per una teologia della missione*, Milano 1975.

de MARGERIE, B., *La Trinité chrétienne dans l'histoire*, Paris 1975.

MACHADO, F., «Mission in Crisis? An opportunity for new hope», *VJTR* 61 (1997) 145-160.

MADRUGA, J.M., «Nuevo rostro de la misión Ad gentes», *EstFr* 100 (1999) 381-394.

MADUREIRA DIAS, M., «Da Trinidade à missão», *IgMis* 48 (1996) 61-78.

MARALDI, V., «La missione personale dello Spirito Santo nella storia», *Ad Gentes*, 1 (1997) 35-60.

———, «Lo Spirito protagonista dell'evangelizzazione», *RTEv* 2 (1998) 5-20.

MARCHESI, G., *La cristologia trinitaria di Hans Urs von Balthasar*, Roma 1977.

MARTINELLI, P., *La morte di Cristo come rivelazione dell'amore trinitario nella teologia di Hans Urs Von Balthasar*, GNA 301, Milano 1995.

MARTINI, C.M., *Quale bellezza salverà il mondo? Lettera Pastorale 1999-2000*, Milano 1999.

MARZOTTO, D., *L'unità degli uomini nel Vangelo di Giovanni*, Brescia 1977.

MASCIARELLI, M.G., *La Chiesa è missione. Prospettiva trinitaria*, Casale Monferrato 1988.

MASSON, J., *L'attività missionaria della Chiesa*, Torino 1967.

———, *La missione continua*, Bologna 1975.

Mazza, E., «La liturgia come celebrazione della salvezza», *RTEv* 5 (2000) 37-49.

Mazzarello, S., «Comunione e comunità missionaria», *Lit(T)*, 4-5 (1986) 33-39.

Mazzolini, S., «La natura essenzialmente missionaria della Chiesa», *OmTe* 18 (2000) 151-158.

McIsaac, P., «Community and mission: the challenges of institutional communities», *HeR* 17 (1997) 83-86.

Menamparampil, T., «Partager l'Évangile aujourd'hui», *MisÉtP* (2002) 97-104.

Meo, E., *Verso una pastorale missionaria. Note per gli animatori e gli agenti di pastorale*, Bologna 1989.

Meyendorff, J., *La teologia bizantina*, Torino 1984.

Michel, O., «Οἰκοδομέω», in *GLNT*, V, Brescia 1977, 384-408.

Moltmann, J., *La Chiesa nella forza dello Spirito. Contributo per un'ecclesiologia messianica*, BTCon 28, Brescia 1976.

———, *Il futuro della creazione*, BTCon 38, Brescia 1980.

———, *Il Dio crocifisso. La croce di Cristo fondamento e critica della teologia cristiana*, BTCon 17, Brescia 1973.

———, «Il Padre materno», *Conc(I)* 3 (1981) 87-95.

———, *Lo Spirito della vita. Per una pneumatologia integrale*, BTCon 77, Brescia 1994.

———, *Trinità e Regno di Dio. La dottrina su Dio*, BTCon 43, Brescia 1983.

Moscatelli, L.F., «Missione ad gentes, "paradigma" per la pastorale», *RCI* 82 (2001) 806-826.

Mülhen, H., «Esperienza sociale dello Spirito come risposta di una teologia unilaterale», in C. Heitmann – H. Mülhen, ed., *La riscoperta dello Spirito*, Milano 1977, 287-308.

Müller, E.C., «The Trinity and the Kingdom», *StMiss* 46 (1997) 91-117.

Müller, K., *Teologia della missione. Un'introduzione*, Bologna 1991.

———, «La mission de l'Église de Vatican II à "Redemptoris Missio"», *Sp* 127 (1992) 147-159.

Mwanama Galumbulula, F., *Le dynamisme missionnaire de l'Eglise locale dans la missiologie postconciliaire de J. Massons et A. Seumois. Un contribution à l'éveil missionnaire*, TG/M 1, Roma 1996.

NAGY, S., «La Chiesa come *communio*», *OR* 17.06.1992, 4.

NAVONE, J., «L'io reale nella comunione dell'Amore Trinitario», *CivCatt* 138 (1987) 534-547.

NEILL, S., *A History of Christian Missions*, Harmondsworth 1980.

NEUNER, J., «Mission in *Ad Gentes* and in *Redemptoris Missio*», *VJTR* 56 (1992) 228-241.

NEWBIGIN, L., *A Word in Season. Perspectives on Christian Word Mission*, Grand Rapids 1994.

——, *La Chiesa missionaria nel mondo moderno. La SS.ma Trinità e la nostra missione*, Roma 1968.

NIGRO, C., «Prefazione», in CODA, P., *Evento Pasquale, Trinità e storia*, Roma 1984, 5-16.

NUNES, J., «Deus Pai, Fonte da missão», *IgMis* 53 (2000) 219-226.

——, «O Espiritu Santo e a inculturaçao missionaria», *Did(L)* 28 (1998) 185-196.

NUNNENMACHER, E., «Le missioni. Un concetto vacillante riabilitato?», *ED* 2 (1991) 241-264.

O'DONNEL, J., *Il Mistero della Trinità*, Casale Monferrato – Roma 1989.

ODORICO, L., «Misión y pastoral», *OmTe* 28 (1996) 139-146.

ONWUBIKO, O.A., *Missionary Ecclesiology. An Introduction*, Enugu (Nigeria) 1999.

OSTHATHIOS, G., «Trinitarian mission and pluralistic inclusivism», *NCCR* 112 (1997) 174-180.

PACOMIO, L., *Il primato del dono. Fondamenti biblici e teologici di Comunione e Comunità missionaria*, Casale Monferrato 1987.

PALADINI, G.P., *La teologia della missione nel documento della Conferenza Episcopale Italiana «Comunione e Comunità Missionaria»*, Roma 1988.

PANIKKAR, R., *The Trinity and the Religious Experience of Man*, New York 1973.

PASSARELLI, G., *L'Icona della Trinità, con preghiere della Gonyklisìa*, Milano 1994.

PASTOR FELIX, A., «Kerigma biblico e ortodoxia trinitaria», *PerTeol* 14 (1982) 75-92.

PATTARO, G., «Riflessioni storiche sulla teologia che ha preparato la Costituzione Dogmatica "Lumen Gentium"», *Hum(B)* 20 (1965) 1219-1246.

———, «La Chiesa sacramento della salvezza», *Hum(B)* 22 (1967) 120-157.

PERALES PONS, E., *Vivere il dono della comunità*, CMi, Roma 1996.

PÉREZ GONZALES, F., «Décimo aniversario de la encíclica Redemptoris Missio», *MisTM* 16 (2001) 7-9.

PEYRON, F. – ANGHEBEN, P., *Abitati da Dio Trinità. Mistero, comunione, missione*, Torino 2000.

PHILIPON, M., «La Santissima Trinità e la Chiesa», in BARAÙNA, G., ed., *La Chiesa del Vaticano II. Studi e commenti intorno alla Costituzione dogmatica Lumen Gentium*, Firenze 1965, 329-350.

PHILIPS, G., *La Chiesa e il suo mistero nel Concilio Vaticano II*, I, Milano 1969.

PONTIFICAL MISSIONARY LIBRARY, *Bibliographia Missionaria*. Founded by Johannes Rommerskirchen O.M.I., continued by Marek A. Rostkowski O.M.I., Città del Vaticano, ... - 2003.

PONTIFICIE OPERE MISSIONARIE, *La Chiesa Mistero di Comunione per la Missione. Un contributo teologico e pastorale*. Simposio promosso dalla Direzione Nazionale delle Pontificie Opere Missionarie, Atti, I, Città del Vaticano 1997.

PONTIFICIUM CONSILIUM PRO LAICIS, *I movimenti nella Chiesa*. Atti del Congresso mondiale dei movimenti ecclesiali, Roma 27-29 maggio 1998, LOg 2, Città del Vaticano 1999.

———, *I movimenti ecclesiali nella sollecitudine pastorale dei Vescovi*, LOg 4, Città del Vaticano 2000.

PRESTIGE, L., «Perikhoreo and Perikhoresis in the Fathers», *JThS* 29 (1928) 242-252.

RAHNER, K., «Il Dio trino come fondamento originario e trascendente della storia della salvezza», in *MySal* III, Brescia 1980, 401-503.

———, «Cristianesimo anonimo e compito missionario della Chiesa», in ID., *Nuovi Saggi*, I, Roma 1968, 759-772.

RAMAZZOTTI, B., *Comunità e missione. L'impegno missionario oggi alla luce di Atti degli Apostoli*, Bologna-Verona 1978.

RATZINGER, J., *Il Dio di Gesù Cristo. Meditazioni sul Dio Uno e Trino*, Brescia 1978.

———, «Eucharistie und Mission», *FKTh* 14 (1998) 81-98.

RATZINGER, J., «I movimenti ecclesiali e la loro collocazione teologica», in PCL, *I movimenti della Chiesa*, Atti del Congresso mondiale dei movimenti ecclesiali, Roma 27-29 maggio 1998, LOg 2, Città del Vaticano 1999, 23-51.

———, «La nuova evangelización», *Eccl(M)* 10 (1996) 351-361.

REAPSOME, J., «Missiology, meet Jesus», *EMQ* 32 (1996) 6-7.

RETIF, L. e A., *Pour une Eglise en ètat de Mission*, Fayard 1961.

RICCARDI, M., «*Spirito Santo e missione*». *Studio sui documenti magisteriali e sulla ricerca teologica dall'Evangelii Nuntiandi ad oggi*, Roma 1999.

ROMMERSKIRCHEN, J. – KOWALSKI, N., ed., *Missionswissenschaftliche Studien*, Aachen 1951.

ROSTKOWSKI, M., ed., *La missione senza confini. Ambiti della missione ad gentes*. Miscellanea in onore del R.P. Willi Henkel, O.M.I., Roma 2000.

ROSIN, H.H., *Missio Dei. An examination of the Origin, Contents and Function of the Term in Protestant Missiological Discussion*, InIMER, Leiden 1972.

ROSSANO, P., «Teologia della missione», in *MySal* VII, Brescia 1972, 605-638.

ROSSÈ, G., «Il pensiero giovanneo sull'unità», *NUm* 48 (1986) 18-30.

ROUX, A., *Missions des Églises, mission de l'Église. Histoire d'une longue marche*, Paris 1984.

RÜTTI, L., *Zur Theologie der Mission. Kritische Analysen und neue Orientierungen*, Mainz 1972.

RYŁKO, S., «L'avvenimento del 30 maggio 1998 e le sue conseguenze ecclesiologiche e pastorali», in PCL, *I movimenti ecclesiali nella sollecitudine pastorale dei Vescovi*, LOg 4, Città del Vaticano 2000, 23-45.

RZEPKOWSKI, H., *Lessico di missiologia. Storia-Teologia-Etnologia*, Città del Vaticano 2000.

SALVINI, G., «A venticinque anni dalla *Evangelii Nuntiandi*», *CivCatt* 4 (2000) 350-362.

SANTOS, A., «La Escuela de Lovaina», in *Teología sistemática del la misión*, Estella 1991, 154-236.

———, *Una misionología española*, Bilbao 1958.

SARTORI, L., «La Costituzione dogmatica De Ecclesia: sintesi dottrinale», *Hum(B)* 20 (1965) 1247-1268.

———, *La «Lumen Gentium». Traccia di studio*, Padova 1994.

———, «Trinità e Chiesa», *CO* 34 (1986) 71-81.

———, «Trinità e missione nel Concilio Vaticano II», *Ad Gentes* 1 (1997) 17-34.

SCANZILLO, C., *La Chiesa sacramento di comunione. Commento teologico alla Lumen Gentium*, Napoli 1987.

SCHALÜCK, P.H., «Riempire la terra del Vangelo», *RegnoDoc* 41 (1996) 540-546.

SCHEFFCZYK, L., *La Chiesa. Aspetti della crisi postconciliare e corretta interpretazione del Vaticano II*, GNA 327, Milano 1998.

———, «Las misiones trinitarias come fuentes de la vida cristiana», *ScrTh* 3 (1992) 923-940.

———, «Trinidad y mision en la teologia catolica» in *Trinidad y mision. XV Semana de estudios Trinitarios*, Salamanca 1981, 242-290.

SCHILLEBEEKX, E., *La missione della Chiesa*, Roma 1971.

SCHMIDLIN, J., *Einführung in die Missionswissenschaft*, Münster 1923.

———, *Katholische Missionslehre im Grundiss*, Münster 1923².

SCHREITER, R., «Desafios actuais para a missão Ad Gentes», *IgMis* 53 (2000) 203-217.

SCHÜTTE, J., ed., *L'activité missionarie de l'Église*, Paris 1967.

SEUMOIS, A., *Teologia missionaria*, Bologna 1993.

———, *Introduction à la Missiologie*, ANRSM, Schöneck-Beckenried 1952.

SHENK, W.R., «Mission theology», *MissF* 9 (2001) 92-106.

SHORTER, A., «Evangelisation and Culture», *AfER* 37(1995) 93-104.

SILANES, N., «Ecclesia de Trinitate», *EstTrin*, 12 (1979) 5-18.

———, «Trinidad y vida consacrada», *Comd* 17 (1989) 47-67.

SORCI, P., «Trinità e storia della salvezza nella liturgia», *HoTh* 16 (1998) 21-46.

von SPEYR, A., «Frammenti sulla croce di Cristo», *Com(I)* 33 (1977) 29-37.

SPIAZZI, R., «Con Cristo nel seno del Padre. Finalità e spiritualità della missione alla luce della paternità divina», *OmTe* 17 (1999) 111-122, 156-168.

SPINSANTI, S., «Sviluppi della teologia della missione nel pensiero protestante», in ATI, *Coscienza di Chiesa e missione,* Assisi 1977.

STAFFORD, J.F., «Prefazione», in PCL, *I movimenti nella Chiesa.* Atti del Congresso mondiale dei movimenti ecclesiali, Roma 27-29 maggio 1998, LOg 2, Città del Vaticano 1999, 5-8.

STANILOAE, D., *La preghiera di Gesù e lo Spirito Santo. Meditazioni teologiche,* Roma 1988.

SULLIVAN, A.F., *Noi crediamo la Chiesa,* Casale Monferrato 1990.

TASSIN, C., «Vous serez mes témoins. Le message des Actes des apôtres», *SedBull* 28 (1996) 290-294.

TAVARD, G., *La visione della Trinità. Rivelazione, contemplazione, esperienza,* CoTeol, Roma 1993.

TERRINONI, U., «La comunione, dono e conquista», *VitaCon* 1 (1990) 30-39.

THAYAPARAN, B., «Ecclesial communion. A mystery», *IrIyK* 14 (2001) 2-7.

TIHON, P., «Des Missions à la mission. La problématique missionnaire depuis Vatican II», *NRTh* 107 (1985) 520 – 536; 698-721.

TILLARD, J.M., «La catholicité de la mission», *Sp* 117 (1989) 347-364.

———, *Chiesa di chiese. L'Ecclesiologia di comunione,* Brescia 1989.

———, «Dos modos de evangelizar», *VidaRe* 69 (1990) 320-332.

———, «Evangelizzare l'umanità», *Ad Gentes* 4 (2000) 11-29.

TOMKO, J., *La missione verso il terzo millennio. Attualità, fondamenti, prospettive,* Roma – Bologna 1998.

VALENTINI, D., ed., *L'ecclesiologia contemporanea,* Atti del corso di aggiornamento per i docenti di teologia dogmatica. Roma 2-4 gennaio 1992, ATI, Sr, Padova 1994.

VANHOOZER, K.J., ed., *The Trinity in a pluralistic age: theological essays on culture and religion,* Eerdmans 1997.

VANIER, J., *La Comunità. Luogo del perdono e della festa,* GNA 210, Milano 1998^2.

VANZAN, P., «La nuova missionarietà della Chiesa italiana», *CivCatt* 137 (1986) 13-25.

VICEDOM, G., *Missio Dei. Einführung in eine Theologie der Mission,* München 1958.

VISCHER, L., ed., *La Théologie du Saint-Esprit dans le dialogue entre l'Orient et l'Occident*, Memorandum dei colloqui promossi dalla CFCCMC, Paris 1981.

VIVES, J., «La Trinidad de Dios en la teología de la liberacíon», *EstTrin* 31 (1998) 111-133.

VODOPIVEC, J., «The Trinitarian Christological and Pneumatic Dimension of the Mission», *OmTe* 107 (1980) 140-160.

VOLTA, G., «La recente costituzione dogmatica "Lumen Gentium"», *ScC* 93 (1965) 3-34.

WALDSTEIN, M., «La missione di Gesù e dei discepoli nel Vangelo di Giovanni», *Com(I)* 111 (1990) 8-30.

WARNEK, G., «Die Mission als Wissenschaft», *OBMR* 16 (1889) 397-407; 445-457.

WELKER, M., *Lo Spirito di Dio. Teologia dello Spirito Santo,* BTCon 81, Brescia 1995.

WOLANIN, A., «Fondamento trinitario della missione», in KAROTEMPREL, S., ed., *Seguire Cristo nella missione. Manuale di Missiologia*, Cinisello Balsamo 1996, 37-51.

———, «Missiologia», in *Enciclopedia di Pastorale,* 1, Casale Monferrato 1992, 471-479.

———, *Teologia della Missione. Temi scelti.* Casale Monferrato 1989.

———, *Teologia della Missione. Testo con note.* Ad uso degli studenti, Roma 2000.

ZABALA, I., «Comunidades para la misión y misión compartida: vida religiosa y laicos», *Confer* 40 (2001) 739-777.

ZAGO, M., «Attualizzazione delle direttive conciliari sulla "Missio ad gentes"», *OmTe* 18 (2000) 65-72

———, «Come è cambiata la missione negli ultimi vent'anni», *MoMi* 19 (1979) 511-535.

———, «Elements of the mission Ad Gentes», *Orig* 30 (2000- 2001) 332-335.

———, «La nuova evangelizzazione nel pensiero di Giovanni Paolo II» in *La nuova evangelizzazione e i religiosi*, Roma 1991, 73-80.

ZAGO, P., *Incontrare Dio Trinità. Cammino per una spiritualità comunitaria,* Roma 2000.

ZANGHÍ, M.G., *Dio che è amore. Trinità e vita in Cristo,* Roma 1991.
———, «Per una cultura dell'unità», *NUm* 10/11 (1980) 8-28.

INDICE DEGLI AUTORI

Agostino: 58, 95
Alberigo: 11
Andronikov: 65
Balthasar (von): 67, 70, 74, 75, 76,
    77, 78, 121
Bandera: 19
Barreda: 18, 21, 22
Barth: 37, 52, 53, 74
Beyer: 123
Blauw: 35
Bloch: 37
Bonaventura: 58
Bordoni: 78, 79
Bori: 85, 87
Bosch: 37, 38, 39
Brown: 20
Bulgakov: 63, 65, 66, 67
Cantalamessa: 76
Caterina di Siena: 72
Charles: 35
Ciardi: 13, 16, 50
Cipriano: 12, 90
Clement: 80
Coda: 57, 59, 63, 65, 67, 68, 73,
    78, 79, 80, 81, 123, 124
Coffele: 40
Colombo: 16
Cordes: 121
Colzani: 37
Congar: 24, 28, 63, 65

Connor: 29
Cothenet: 19
Cura Elena: 57
Daniélou: 61, 132
De Andia: 72
Denesse: 59
Depelesse: 93
Dianich: 23, 27, 43
Domínguez: 35
Dragas: 29
Dunas: 35
Esquerda Bifet: 6
Evdokimov: 63, 65
Favale: 14, 15, 124, 125
Ferlay: 70
Forte: 12, 14, 26, 27, 33, 42, 43,
    44, 45, 51, 52, 53, 54, 55, 63,
    64, 68, 69, 72, 79, 83, 84, 87,
    94, 97
Franco: 85, 86
Galot: 126
Gassman: 18
Giovanni Damasceno: 57, 58
Giovanni Paolo II: 5, 6, 30, 31, 33,
    45, 46, 79, 81, 82, 90, 91, 95,
    97, 98, 101, 102, 103, 105, 106,
    107, 108, 109, 110, 115, 117,
    120, 121, 122, 123
Gregorio di Nazianzo: 57
Hartenstein: 39

Henkel: 34
Henry: 35
Hoekendijk: 40
Kasdorf: 34
Kasper: 59, 60, 63, 68
Ilario di Poitiers: 58
Ireneo di Lione: 57, 75
Lange: 35
Latourelle: 26, 98
Le Fort: 86
López-Gay: 16, 17, 19, 20, 21, 30, 34, 39, 41
Lossky: 63, 65
Lubac (de): 56, 57
Marchesi: 74, 75
Margerie (de): 56, 102
Marzotto: 88
Massimo il Confessore: 79
Masson: 25, 28, 35
Meyendorff: 63
Michel: 7, 105
Moltmann: 27, 54, 60, 71
Mühlen: 70
Müller: 23
Nagy: 18
Navone: 55, 126, 127
Neill: 38
Nigro: 55, 56
Ohm: 35
Origene: 92
Paladini: 98
Paolo VI: 25, 27, 30, 100
Pattaro: 10, 11, 15
Philipon: 9, 11, 45, 49, 50, 55
Philips: 12

Pseudo Cirillo: 57
Rahner: 51, 52, 78, 93
Ratzinger: 17, 121, 131
Retif A.: 36
Retif L.: 36
Ryłko: 123
Rosin: 40
Rossè: 100
Santos: 34, 35
Sartori: 10, 11, 22, 23
Scanzillo: 85
Scheffczyk: 29
Schütte: 24, 28
Schmidlin: 34, 35
Seumois: 34
Shorter: 19
Schreiter: 37, 41, 42
Silanes: 29, 102
Speyr (von): 71
Spinsanti: 40
Stafford: 122
Staniloae: 56, 65, 91, 119
Streit: 34
Sullivan: 10
Tillard: 84, 85, 99
Tomko: 31, 32
Tommaso: 24, 58, 59
Vanzan: 27
Vicedom: 39
Vischer: 63
Volta: 15
Warneck: 34
Wolanin: 28, 30, 34, 35, 36, 131
Zameza: 35, 36
Zanchí: 64, 71

INDICE GENERALE

INTRODUZIONE	5
CAPITOLO I: *La Chiesa, comunione e missione*	9
1. L'ecclesiologia trinitaria del Vaticano II	9
1.1. La centralità della *Lumen Gentium*	10
1.2. L'ecclesiologia trinitaria della *Lumen Gentium*	11
1.3. L'ecclesiologia di comunione	14
1.3.1. Alcune precisazioni nel documento *Communionis notio*	16
1.3.2. L'ecclesiologia di comunione e la missione universale	20
2. La missione nella Chiesa del Vaticano II	22
2.1. Il fondamento trinitario della missione	23
2.2. Il carattere ecclesiale della missione	25
2.3. Verso un fondamento ecclesiologico e trinitario della missione	27
2.4. L'Enciclica *Redemptoris Missio*	30
2.5. La missione universale della Chiesa	32
3. Il cammino della teologia della missione	33
3.1. L'apporto della riflessione missiologica	34
3.2. Un nuovo paradigma della missione: la *missio Dei*	37
3.3. Dalle «missioni» alla «missione» della Chiesa	42
4. Conclusione	45
CAPITOLO II: *La comunione trinitaria*	49
1. Comunione trinitaria e comunione ecclesiale	49
1.1. La «partecipazione» alla comunione trinitaria	50
1.2. La rivelazione della Trinità nella storia	51
1.3. Il «ritorno alla storia di rivelazione»	52
2. Il dinamismo relazionale intra-trinitario	55

2.1. La «pericoresi» trinitaria 57
2.2. La pericoresi trinitaria e la questione del *Filioque* 62
2.3. Pericoresi trinitaria e distinzione 67
2.4. Pericoresi trinitaria e unità: la *kenosi* 69
3. La Rivelazione della comunione trinitaria 74
   3.1. L'Incarnazione: rivelazione del volto trinitario di Dio 74
   3.2. La *Kenosi*: rivelazione della vita divina della Trinità 76
   3.3. L'evento pasquale: rivelazione della pericoresi trinitaria 78
4. Conclusione 81

CAPITOLO III: *Comunità per la missione* ad Gentes 83
1. La comunione trinitaria «genera» la comunità 83
   1.1. La comunione, dono dello Spirito Santo per la comunità 84
      1.1.1. La comunione con la vita divina 85
      1.1.2. La comunione ecclesiale 86
      1.1.3. La Chiesa, sacramento di comunione 87
   1.2. Nella comunione nasce la comunità 88
   1.3. La pericoresi, «cuore» della vita comunitaria 90
2. Comunità e missione 93
   2.1. Dalla comunione nasce la missione 94
   2.2 La Chiesa, mistero di comunione e missione 96
   2.3. «Una cosa sola perchè il mondo creda» 99
3. La comunità nell'edificazione della Chiesa locale 103
   3.1. Il contesto: la missione *ad gentes* 103
   3.2. L'inserimento nella Chiesa locale 107
      3.2.1. La comunione con il Pastore della Chiesa locale
          e l'assunzione della vita pastorale 108
      3.2.2. L'Eucaristia: sorgente di comunione e missione 112
      3.2.3. La sensibilizzazione al senso ecclesiale
          e alla cooperazione missionaria 116
   3.3. Le Nuove Comunità, dono dello Spirito per la missione 120
4. Conclusione 125

CONCLUSIONE 129

SIGLE E ABBREVIAZIONI 133

BIBLIOGRAFIA 141

INDICE DEGLI AUTORI 165

INDICE GENERALE 167

TESI GREGORIANA

Dal 1995, la collana «Tesi Gregoriana» mette a disposizione del pubblico alcune delle migliori tesi elaborate alla Pontificia Università Gregoriana. La composizione per la stampa è realizzata dagli stessi autori, secondo le norme tipografiche definite e controllate dell'Università.

Volumi pubblicati [Serie: Missiologia]

1. MWANAMA GALUMBULULA, Félicien, *Le dynamisme missionnaire de l'Eglise locale dans la missiologie postconciliaire de J. Masson et A. Seumois. Une contribution à l'éveil missionnaire*, 1996, pp. 228.

2. SUBANAR, Gregorius Budi, *The Local Church in the Light of Magisterium Teaching on Mission. A Case in Point: the Archdiocese of Semarang – Indonesia (1940-1981)*, 2001, pp. 416.

3. DE SAMPAIO VIEIRA, Maria, *A missionariedade da Igreja particular à luz do magistério recente,* 2003, pp. 192.

4. IIRITI, Gabriele, *La pericoresi trinitaria, modello e fondamento della comunità evangelizzatrice nell'edificazione delle Chiese locali*, 2004, pp. 170.

Finito di stampare
nel mese di Maggio 2004

presso la tipografia
"Giovanni Olivieri" di E. Montefoschi
00187 Roma • Via dell'Archetto, 10, 11, 12
Tel. 06 6792327 • E-mail: tip.olivieri@libero.it